RELATION
DE L'ESTABLISSEMENT
DES FRANCOIS
DEPVIS L'AN 1635.

En l'isle de la Martinique, l'vne des antilles de l'Amerique.

Des mœurs des Sauuages, de la situation, & des autres singularitez de l'isle.

Par le P. IACQVES BOVTON, de la Compagnie de IESVS.

A PARIS,

Chez SEBASTIEN CRAMOISY Imprimeur ordinaire du Roy, ruë S. Iacques, aux Cicognes.

M. DC. XL.

Auec Priuilege du Roy.

A MESSIEVRS

DE LA COMPAGNIE
des isles de l'Amerique.

MESSIEVRS,
Depuis le temps
que ie fis dessein, à la
gloire de Dieu, de
vous seruir aux fonctions de
ma profession dans l'vne de vos
isles de l'Amerique, i'ay creu
vous estre tellement acquis, que
ie ne deurois rien desirer, &
procurer plus ardemment, que
vostre contentement & satis-
faction en l'assistance que ie ren-
drois à vos subjets pour leur salut. C'est à cette fin que i'ay rapporté ce peu que i'ay tâché de

ã ij

faire par delà durant quelques
mois; C'est à ce dessein que i'ay
repassé les mers; que ie suis icy;
& que i'ay pris resolution de
donner au public ce petit narré
sous vostre nom. Ie ne le puis
presenter à d'autres sans preiu-
dicier à vos droicts; & comme
il est tout à vous, i'espere aussi
qu'il receura de vous vn accueil
fauorable. On cognoistra bien à
son langage qu'il vient du pays
des Sauuages, puis qu'il ne parle
pas beaucoup mieux françois
qu'eux; mais neantmoins, tel
qu'il est, il pretend paroistre pour
vostre seruice; desabusant ceux
qui ne peuuent croire qu'il y ait
maintenant tant de bien en cette
isle, que vos soins & vostre pieté
y en ont procuré, & tant d'espe-

rance qu'il croisse à l'aduenir au poinct qu'il croistra, Dieu aydant, par les mesmes moyens qui luy ont donné commencement. S'il fait voir ces veritez aux ignorans, il croira auoir fait quelque chose pour vostre seruice; puis qu'il vous est important qu'on sache que vous auez tant fait par le passé, & voulez tant faire par cy apres en ces pays, que ceux qui les décrient pour n'y auoir pas trouué leur compte, ne les blâment pas si iustement, qu'on peut & doit blâmer leurs fautes & maluersations, veritables causes du desordre où ils se trouuent. Il vous est aussi important que les autres qui y veulent aller, apprennent qu'ils peuuent auec raison se promettre ce

qu'ils peuuent legitimement desirer pour leur profit & spirituel
& temporel. Que si i'ay marqué
quelques defauts & necessitez,
comme les choses de ce monde
n'ont pas toute leur perfection
dans leur commencement , c'est
pour faire voir combien vous
acquererez d'obligations sur les
habitans de ces isles, continuant
d'employer tant de soins, & faire tant de despense pour les mettre à leur aise : Et que pour moy,
puis que ie prends, comme ie dois,
tant de part à leurs interests , ie
demeureray aussi obligé de vous
estre toute ma vie,

MESSIEVRS,

Tres-humble, & obeïssant seruiteur,
IACQVES BOVTON, de la
Compagnie de IESVS.

TABLE DES CHAPITRES
contenus en ce liure.

RELA-

RELATION

DE L'ESTABLISSEMENT

DES FRANCOIS

depuis l'an 1635.

EN L'ISLE DE LA MARTINIQUE,

l'vne des Antilles de l'Amerique.

Des meurs des Sauuages ; de la situa-
tion, & des autres singularitez
de l'Isle.

Nostre embarquement, & les dangers, que
nous courumes sur mer.

CHAPITRE PREMIER.

N Ovs partismes de Nan-
tes le Vendredy vingt-
cinquiéme de Nouembre,
iour de saincte Catherine, &

A

arriuasmes le lendemain à la rade
de Paimbœuf, où estoit le vaisseau nommé la petite Europe,
appartenant à monsieur Des-
Marests de Paris. De Paimbœuf
nous allasmes le Lundy à Sainct
Nazére, d'où nous fismes voile
le lendemain auec bon vent,
mais foible, & qui dura si peu,
que le contraire nous obligea
de relascher à l'Isle de Ré dés
le Ieudy. Apres nous y ré-
lâcherent vingt-cinq ou trente vaisseaux Anglois, Hollandois, Hambourquois, & au-
tres, qui croyant que nostre
vaisseau fust vn nauire du Roy,
mirent le pauillon bas. La
nuict s'éleua vne furieuse tem-
peste, qui fut cause que plusieurs
nauires qui estoient à l'ancre,
dériuerent & chasserent vers la

A

terre, le noftre perdit fon maiftre
anchre, & perfonne n'ofa entreprendre ny le Vendredy, ny le
Samedy, de nous paffer à la Ro-
chelle, tant la mer eftoit encore
groffe, & le vent furieux, quoy
qu'il eût bien diminué.

Le Dimanche apres midy,
beaucoup trop toft pour nous,
on met les voiles au vent, fi in-
conftant, qu'il ne nous fut fauorable que iufques à minuict. Depuis ce temps, nous courûmes
prefque continuellemeht rifque
de la vie durant plus de cinq fe-
maines, pendant lefquelles nous
fufmes la plufpart du temps, cofté
en trauers, errans tantoft d'vn
bord, tantoft de l'autre. Les
iours de S. Thomas, S. Iean, des
Innocens, & le dernier de l'année, nous furent les plus rudes :

nous ne portions point de voiles; la brune ou brouillard estoit
si épais, que nous ne pouuions
voir à vn quart de lieuë de nous,
tousiours en crainte d'estre iettez
contre la terre. Nous desirions
relâcher encore vne fois, tantost
à belleIsle, puis à Brest, ou quelqu'autre part de France ou d'Angleterre; puis à Sorlinq, petite
Isle proche & des appartenances
d'Angleterre : Nous la veismes
d'assez prés, mais nos Gouuerneurs ne la connurent pas, &
firent promptement mettre le cap
à l'eau pour s'en retirer, sans sçauoir où nous estions, iusques à
ce qu'en punition de ce que
mal à propos, & contre raison,
le Pilote le voulant, nous nous
estions opiniastrez à tenir la mer,
nous fusmes portez dans la man-

che ou canal de Briftoc, inconnu à nos Nauigateurs.

Le matin du iour des Roys, vn coup de mer nous mit tous au defefpoir de nos vies, & plufieurs en meilleur eftat de leur confcience par la Confeffion. Il heurta fi rudement noftre vaiffeau, qu'on creut qu'il étoit creué, d'autant plus affeurément, qu'il fut prés d'vne heure à fe redreffer; emporta noftre chaloupe qui eftoit fort bien amarrée fur le pont, les lices des deux coftez du vaiffeau, les brimbales des pompes, le foier, deferla nos voiles, ietta vne merueilleufe quantité d'eau dans le nauire, & fit mille autres maux; on voulut couper le grand mas, mais il ne fut pas neceffaire. C'eftoit au poinct du iour qu'heureufement

A iij

on aperçeut vne petite Iſle de la
domination d'Angleterre, nommée Londey, qui nous pouuoit
couurir du vent d'Oüeſt noſtre
ennemy : la rade eſtoit aſſez ſaine
& bonne, nous y arriuons en fin
auec mille peines, & anchrons
auec la joye ordinaire aux per-
ſonnes échappées d'vn tel danger.

Le iour neantmoins ne nous
fut pas iour de reſioüiſſance,
Dieu ne permettant pas que noſtre ioye duraſt longuement. Le
ſoir vn furieux vent de Nord,
duquel nous n'eſtions pas à couuert, nous attaque auec telle violence, qu'on croyoit que le vaiſſeau couleroit bas ſous ſon amar-
re, l'eau entroit preſque iuſques à
la dunette, on leua la hache pour
couper le cable ſur l'écubier, &
nous mettre à la mercy du vent,

& de la mer, si on eust fait, nous
n'auions qu'à peine vie heure de
vie, le vent nous portant contre
des rochers, nostre ancre chassa,
& par vne faueur signalée du
Ciel, nous rendit au lieu le meilleur de toute la rade, & tiur bien
quoy que ces horribles scroüilles
l'eussent presque entierement bri-
sée en deux endroits, & comme on
connut lors qu'on la tira, no. Au
bout de deux heures le vent s'ap-
paisa vn peu, qu'auoit aussi bien
fait du rauage en terre qu'en mer,
abattant les arbres, cheminées, &
maisons. qui va iusqu. Hablebol,

Le lendemain septieme de
Ianuier au matin, on tira quelques coups de canon pour auoir
vn Pilote de l'Isle, mais c'estoient
paures gens, qui n'auoient non
plus de bateau pour venir à nous,

que nous, pour les aller quérir,
& n'y auoit parmy eux aucun pilote.

Il falut neantmoins sortir de là,
quoy qu'aucun de nos Comman-
deurs ne connut la coste, ny le
port voisin : Nous l'allons chercher au hasard auec tant de dangers, que le Capitaine parla d'é-
choüer, & poußer le plus auant
qu'on pourroit le vaißeau vers la
terre, pour sauuer au moins les
hommes, si Dieu ne nous vouloit
pas si peu de bien: Il nous fit en
fin trouuer l'entrée du haure de
Habledol, qui va iusques à deux
petites villes nommées Bedifort,
de Barneſtable, ou baſtable: C'eſt
vn méchant haure de barre, &
qui aßeichen nous paßâmes la
barre à deux tiers de flot, que
semblables vaißeaux qui tirent

iiij A

beaucoup d'eau, ne passent qu'à
plaine marée, & au lieu de prendre à main droite vers la terre, nous allons sur des sables,
où nous touchasmes plusieurs
fois ; deux chalouppes An-
gloises nous redresserent vn peu.
Les Anglois qui nous veirent, &
sçeurent nos fortunes, disoient
que c'estoit miracle que nous
fussions réchappez. On nous
manda de Londres que trois cens
vaisseaux s'estoient perdus du
mauuais temps que nous aurons
souffert. On nous rapporta que
le ministre d'vn lieu voisin auoit
presché que nostre deliurance
estoit merueilleuse, mais qu'il ne
la falloit pas attribuer aux prie-
res que nous aurons faités à la Vier-
ge nostre Dame, mais à celles que
nous aurons faict à Dieu ; C'est vn

franc ignorant.

Nous voila donc en Angle-
terre, où nous perdons vn beau
temps & bon vent qui visit'aprés
trois ou quatre iours. Nous de-
meurons six semaines parmy des
gens pauures, superbes, & barbares aux estrangers, attendant
de Londres & d'Exettre de l'ar-
gent pour remettre le vaisseau
en estat, & cependant faisons de
nouuelles auaries; vn hauire nous
rompt vn anchre, nous rompons
la fleche d'vn autre qu'on nous
fait bien payer, nostre charpen-
tie tombe & se noye dans la mer,
comme vn autre charpentier
s'estoit déja noyé dans la riuiere
de Loire, quelques iaunes gar-
çons s'enfuyent, & se sauuent.
On fait croire à l'equipage que le
vin des vitailles estoit finy, & ne

restoit que celuy qui estoit destiné
pour traiter, & ainsi on le met
à la biere, on est contraint d'ac-
commoder deux matelots, l'vn
Anglois, & l'autre Escossois, le
vaisseau n'estant assez fourny
pour ses grandes manœuures. Vn
seul bien nous arriua en ce pays,
c'est que les malades du mal de
mer y treuuerent leur santé; & le
reuerend Pere Suffren à qui i'a-
uois écrit l'état où nous étions,
obtint de la serenissime Reyne
d'Angleterre dix Iacobus, &
nous les enuoya; les RR. PP.
Capucins en eurent la moitié;
Dieu soit la recompense de sa
Majesté.

Nous n'estions pas encore à la
fin de nos maux & de nos ap-
prehensions, lors que nous nous
disposions à partir, nouuelles nous

arriuét de pluſieurs endroicts, que
le bruit de noſtre arriuée en ce
haure porté par toute l'Angleterre, auoir fait partir vn Dunquerquois, qui eſtoit à Plemeur,
ſur l'eſperance d'vn bon butin,
& qu'il nous gardoit entre Londey, & la barre, en deſſein d'y
demeurer pluſtoſt trois mois, que
de nous laiſſer échapper. Son nauire eſtoit monté de plus de vingt
pieces de canon, & ſix vingts
hommes, entre leſquels y en
auoit deux de ceux qui nous,
ayant abandonnez, auoient fait
le rapport de noſtre eſtat &
foibleſſe; & de vray, quelques-
vns de nos gens auoient aperçeu
de deſſus les montagnes voiſines
vn grand vaiſſeau qui alloit &
venoit deuant la barre. Nos
Gouuerneurs au commencement

ne vouloient rien hasarder ; mais
si faut-il, ou sortir de ce port,
ou y vendre nostre vaisseau, comme quelques Anglois croyoient
que nous ferions ; & possible
pour nous y contraindre qu'ils
auoient controuué cette nouuelle.

Au sortir nous approchâmes si
prés des rochers cachez sous l'eau,
que nous fusmes en grand danger ; nous ne rencontrâmes pas
en sortant le Dunquerquois, mais
sur le soir on aperçeut vn vaisseau vers Londey, qui fut cause
que la nuict nous nous detour-
nâmes de nostre route pour le
tromper, bien contens d'estre en
quelque asseurance qu'il ne nous
attrapperoit pas. Mais vn nouueau malheur troubla encor ce
peu de contentement. Le Pilote
entre en la chambre tout éperdu,

difant qu'il y auoit dans le vaiffeau vne ou plufieurs voyes d'eau,
& qu'on venoit de tirer pour vne
fois hiuct cens baftonnées, quoy
qu'il n'y eut pas long téps qu'on
auoit ietté l'eau. Voila l'alarme
bien chaude au quartier; on prend
refolution de relâcher pour la
troifiéme fois, & aller à Kinfal,
qui eft vn tres bon haure en Ir-
lande, nous perdons trois iours
à le chercher: la nuict nous nous
en retirons, lors que le vent eft
impetueux, de crainte qu'il nous
iette contre terre durant les tenebres. Le mercredy des cendres
au matin, nous en eufmes con-
noiffance d'affez prés, & à la veuë
du port tant defiré, nous chan-
geons de refolution. Le vent
eftoit propre pour noftre route:
on craint que la plus grande par-

tie de l'équipage n'abandonne le
vaisseau en vn voyage si fâcheux
& malheureux: Le Pilote publie
que les voyes d'eau font décou-
uertes, qu'on les peut aisément
étancher dans quelques iours,
durant lesquels on iettera l'eau à
tous les horologes, c'est à dire,
de demie heure en demie heure,
les paffagers le iour, & les matelots la nuict; & fur cela on paffe
outre.

Le matin du troisiéme de Mars,
nous apperceusmes cinq vaisseaux,
trois chafferent sur nous tout le
iour, & partie de la nuict: Nous
les prenions pour Turcs; nonob-
ftant qu'ils euffent mis le pauillon de Hollande; nous ne pou-
uons nous y fier, les Turcs vfants
fouuent de cette rufe de mettre
vn autre pauillon que le leur:

Eux nous prenoient pour Espagnols, quoy que nous eussions
mis le pauillon blanc; & ils a-
uoient quelque raison, pource
qu'il nous voyoient fuyr vers
l'Espagne, où on sçait bien que
les François ne seroient pas les
bien-venus. Ils nous ioignent au
second quart de la nuict; & aprés
qu'on eut demandé & répondu
de part & d'autre d'où estoit le
nauire, ils nous tirerent deux
coups de canon; peu s'en fallut
que nous n'en rendissions autant,
mais la partie n'estoit pas egale;
c'estoient grands vaisseaux, qui
auoient deux fois plus de canon
& d'hommes que nous, & alloient partie à Fernambouc, &
partie courir le bon bord. Ils
nous firent amener les voiles, &
demeurer auec eux iusques au
iour

iour ; nous gardant soigneuse-
ment toute la nuict. Le matin
noſtre Capitaine alla à leur bord,
monſtra ſa permiſſion , & puis
bons amis. L'Admiral demanda
vne barique de vin pour contenter ſes gens , fâchez d'auoir ſi long
temps chaſſé en vain : Il nous pro-
mit compagnie tandis que nous
ferions meſme route ; mais elle ne
dura pas long-temps , dautant
que ſon nauire alloit fort bien au
lict du vent & le noſtre fort mal ;
de ſorte que nous fuſmes la nuict
en grand danger pour auoir trop
porté de voiles afin de le ſuiure.
Le lendemain vn de nos meilleurs
matelots faiſant quelque maneu-
ure tomba dans la mer, & ne fut
poſſible de le ſauuer ; le vaiſſeau
paſſoit ſi toſt qu'en moins de rien
il l'eut trop éloigné. Ces acci-

B

dens & les precedens, ſi funeſtes
à quelques vns, & facheux à tout
l'equipage , furent ſalutaires à
d'autres, à qui Dieu donna durant vne petite exhortation & re-
monſtrance faite à cette occaſion,
de fortes penſées de leur ſalut. On
renouuella les deffences de iurer,
proferer de ſales paroles, & s'ab-
ſenter de la priere: Quelques coul-
pables furent punis, & Dieu ſem-
bla ſatisfait de ces bonnes reſolu-
tions, nous donnant dés l'heure
fort beau temps, qui ne nous
quitta plus. Nous chaſſâmes durant ce beau temps ſur vn vaiſſeau: bien nous prit que c'eſtoit
vn Anglois, & non vn ennemy,
car il eſtoit beaucoup plus grand
que le noſtre & meilleur, & nous
eſtions à la portée du mouſquet
que nous n'auions pas deux ca-

ſions paréz; c'eſtoit noſtre ordinaire : de loing tous les vaiſſeaux
nous ſembloient petits, & auoit
peur de nous : c'eſtoit merueille
combien nous eſtions vaillans :
mais de prés, s'il en euſt fallu dé-
coudre, nous euſſions bien laiſſé
du poil. Vn honeſte homme qui
eſtoit auec nous & ſçauoit bien le
meſtier, dit fort à propos, que ce
n'eſtoit pas à nous à aller querir
des vaiſſeaux, ny faire la guerre.

Le troiſiéme Dimanche de
Careſme nous euſmes cognoiſ-
ſance de l'vne des Canaries appellée Fortauanture, ou Portauan-
ture, que nous approchaſmes en
deſſein d'y aborder s'il y euſt eu
commodité pour remedier aux
voyes d'eau; il n'y faiſoit pas bon.
Le ſoir, la brune eſtant ceſſée,
nous vilmes de loin quelques au-

tres isles. Sur le mesme dessein de
boucher les voyes d'eau, nous
allons chercher celles du Cap-
vert, particulierement celle de
Sainct Vincent, & chassons en
chemin sur deux Holandois aussi
iudicieusement que nous auions
chassé sur l'Anglois. Nos nauigateurs nous mirent trois nuicts à
la cappe, de peur d'aborder la terre durant les tenebres, de laquelle
ils se faisoient fort proches, & se
trompoient: Ils la manquerent,
& ne virent ces isles ny de prés ny
de loin, ny de iour ny de nuict.
On les auoit bien aduerty de la
declinaison de l'Aimant & de leur
erreur; mais leur humilité refor-
mée ne permettoit pas qu'ils le re-
cognussent ou voulussent apprendre quelque chose d'vn Ie-
suite. Ils se tromperent aussi en

leur eſtime, & eurent la honte,
que le meſme Pere predit qu'on
verroit la terre de l'iſle de la Barboude plus de vingt-quatre heures pluſtoſt qu'ils ne diſoient.
Nous apperceuſmes donc la Barboude le Samedy deuant le dimanche des rameaux,& y arriuaſ-
mes ce bon iour. Durant cette
trauerſe nous conſolions la crainte des calmes de l'eſperance de la
peſche ; mais Dieu nous donna
touſiours aſſez de vent : de trois
marſoins que nous bleſſaſmes
nous n'en euſmes qu'vn, & quelques poiſſons volans qui donne-
rent la nuiꝏt dans nos voiles &
haut-bans, & vne dorade ; c'eſtoit
vn beau poiſſon de trois pieds de
long, le dos eſtoit d'vne couleur
verde fort éclatante, le ventre
jaune-doré ſemé de petites eſtoiles

B iij

bleuës : il auoit dans le ventre
quantité de petits poiſſons encore tous entiers, & vn poiſſon long
d'vn pied, qui a le bec crochu
comme le Perroquet, & la peau
couuerte de pointes fort aiguës,
qui l'ont fait nommer poiſſon ar-
mé. Le dimanche des rameaux
pour nous faire faire la Semaine
Saincte plus auſterement, on nous
miſt à l'eau dont la pluſpart eſtoit
gatée.

L'iſle de la Barboude eſt bien
de douze lieuës de tour au moins,
ſa figure tire ſur l'oualle; les arbres
ont eſté conſeruez tout au tour
de l'iſle ſur le bord de la mer, pour
y dreſſer des embuſcades aux ennemis qui voudroient en chaſſer
les Anglois qui la poſſedent. Ceux
cy nous firent deffences, & aux
Reuerends Peres Capucins, de

faire aucune fonction de noftre
religion dans leurs terres. Elle
eftoit en trouble, le Gouuerneur
ayãt fait refus de receuoir vn fuc-
ceffeur, y eftoit arrefté & deuoit
eftre mené en Angleterre par ar-
reft du confeil. Son predeceffeur
luy auoit fait le mefme refus, &
ayant efté pris par luy, auoit paffé
par les armes. On difoit neantmoins que celuy-cy eftoit fort
habile homme, & auoit eu quelque raifon de faire ce qu'il auoit
fait,& fe iuftifieroit bien. Là nous
apprifmes l'irruption des Sauuages dans la gardeclouppe qui eft
aux François,dans Antigoa,Mon-
ferrat, & autres ifles de la domination Angloife. N'y ayant rien
trouué à faire pour le marchand,
nous en partifmes le Mardy la
nuiét,nous vifmes noftre Marti-

nique fur le foir du Mercredy. Le
Ieudy on nous mene à l'ance du
diamant, pour auoir de la tortuë,
qui commençoit à terrir, nous
rodons par cette belle ance pour
trouuer vne place à ietter l'ancre,
puis tout d'vn coup le maiftre ou
Pilote changeant de volonté, fait
paffer outre, & dit que dans fix
heures il nous feroit moüiller l'ancre deuant la maifon de monfieur
le Gouuerneur, qui eftoit bien à
huiét lieuës de là : Il ne le fit pas,
car vne heure apres il nous fit ar-
refter à enuiron vne lieuë du diamant. Dieu vouloit que nous y
arriuaffions le Vendredy fainét,
pour mettre fin à nos trauaux de
mer prefque à la niefme heure,
que Iefus termina les fiens en l'arbre de la Croix. Monfieur du
Parquet gouuerneur de l'ifle

nous y receut fort courtoifemēt, nous logea dans la cafe de fon Aumofnier, au refus que nous fifmes de demeurer en fa maifon, où nous luy euffions trop rendu d'importunité, iufqu'à-ce que fuiuant les ordres des Seigneurs de la Compagnie, il nous euft affigné vne place pour noftre habitation, ce qui ne fe fit fi toft que nous euffions defiré, pour ne luy eftre à charge. La caufe principale du retardement fut le deffein qu'il auoit fait d'aller & mener nombre d'hommes bien armez à la pefche de la tortuë, fi on la doit appeller pefche, y eftablir des corps de garde pour la feureté des pefcheurs, & apprendre fi on auroit guerre contre les Sauuages. Ce qui faifoit croire qu'ils nous attaqueroient eftoit la mort

de leur grand capitaine Kaïer-
man, que monſieur le gouuerneur auoit retenu priſonnier iuſques à ce qu'il eût fait rendre deux
Sauuages de la terre ferme, que
ſes gens auoient enleué des François. La nuict ce priſonnier ſe
ſauua, & briſa les fers qu'il auoit
aux pieds, on ne ſçait comment;
mais eſtant dans les bois, il fut
mordu d'vne vipere, & n'ayant
pour lors aucun remede, s'en alla
mourir arriuant parmy les ſiens.
On croyoit donc qu'ils vouloient
venger ſa mort ; mais ils n'y ont
pas penſé, ou n'ont oſé l'entreprendre. Ce bruit eſtant appaiſé
& monſieur le gouuerneur de retour, il prit la peine d'aller luy-
meſme le dernier iour d'Auril au
lieu où il nous a aſſigné noſtre
habitation, & de faire commen-

cer à couper les arbres pour déſ-
couurir la terre, & le treiziéme
de may nous allaſmes demeurer
proche de là, pour y commencer
nos fonctions, à la gloire de
Dieu.

De la ſituation de l'Iſle de la
Martinique.

CHAPITRE II.

LA Martinique, ou Martini-
no, vne des Antilles, autrement nommées Camerçanes, eſt
en la zone torride par quatorze
& quinze degrez de latitude Se-
ptentrionale. On ne ſçait encore
au vray combien elle a de tour:
quelques vns qui ſe croyent ſça-
uans en cecy luy donnent vingt-

cinq lieuës de long, & huict ou dix
de large ; elle a pour isles voisines
celle de Saincte Luce dite Saincta-
Lousie, tenuë par les Anglois, qui
est à six ou sept lieuës, & la Dominique éloignée d'enuiron dix
lieuës, peuplée encore des Caraïbes, ainsi s'appellent nos Sauuages. D'icy on peut aisément
inferer que nous auons deux fois
l'année le Soleil à pic sur nos te-
stes,& pour Zenith dans les mois
de May & d'Aoust : que nos iours
ordinaires sont de douze heures,
& n'ont point d'inégalité fort
sensible : que les chaleurs y sont
grandes & continuelles ; les sei-
cheresses quelquesfois bien lon-
gues ; ces chaleurs sont temperées
par la fraischeur des nuicts. Les
nuages & pluyes sont plus fre-
quentes aux mois d'octobre,

ꝟouembre & decembre qu'aux
autres temps, & ces trois mois à
caufe de leur humidité compo-
fent icy l'hyuer: car pour le froid,
puis qu'il en eſt banny, il n'eſt pas
capable de faire icy vne diuerfe
faifon, qui porte le nom d'hyuer.
De là vient auſſi que la verdure eſt
touſiours aux arbres, ſi la trop
grande feichereffe ne les defpouïl-
le de leurs feüilles, comme il arriue
affez fouuent.

. L'Iſle eſt diuifée en deux parties; l'vne qu'on appelle la Ca-
beſterre, qui eſt au deffus du vent,
& poffedée par les Caraïbes; l'autre peuplée des François, appellée
la baffe terre, ou les grands fa-
bles : que ſi cette baffe terre à
quelque aduantage fur la Cabe-
ſterre pour l'abord des vaiffeaux,
& vne rade fort faine; elle luy eſt

auffi reciproquement inferieure
en beauté & commodité; la Cabe-
ftere eftant plaine, vnie, & égale,
au lieu que noftre baffe terre eft
raboteufe, & diuifée par des
montagnes, qu'on appelle icy
mornes, fort afpres, rudes, &
difficiles; qui fait que les habitans font plus éloignez les vns des
autres, & ne fe vifitent pas fi fouuent & fi aifément.

Nos terres habitées, à raifon de
ces mornes, font diuifées en trois
eftages; celles qui font les plus
baffes & proches de la mer, s'appellent habitations du premier
eftage; les autres qui vont au pendant des mornes, du fecond eftage; & celles qui font au de-là &
au deffus des mornes, font nommées le troifiéme eftage: car il y a
quelques habitations fur les mor-

nes plus bas & moins rudes à
monter ; les pitons ou sommets
des plus hautes montagnes demeurent pour les bois , & leurs
hostes, les couleuures, viperes, lezards, & oyseaux. Mais encore de
ces mornes si fascheux nous retirons vn bien incõparable, sçauoir
est, bon nombre de petites riuie-
res ou ruisseaux qui coulent d'en-
haut, & ont de la pente & des
cheutes propres pour des moulins; l'eau en est fort bonne & frai-
che,& nourrit quantité de grosses
eschreuisses, anguilles, & autres
poissons. Il y a aussi dans cette Isle
de belles anses de sable ou la tortuë terrist. Nous y auons vn
grand cul de sac où est le fort
Royal, & vn fort beau lieu pour
le cranage des vaisseaux. Il y a aussi
vne saline, qui si elle estoit accom-

modée, ce qu'on pourroit faire
fort aifément & à peu de fraiz,
porteroit de grandes commoditez; d'autant qu'outre la fourni-
ture des habitans ; il y auroit du
fel pour traitter auec les eftran-
gers. Les pierres, la chaux, la
brique ny manqueroient pas, s'il
y auoit des ouuriers pour les mettre en œuure, & fi on s'en vouloit
feruir : mais partie la pauureté des
habitans, partie le manquement
d'ouuriers, & en partie auffi le peu
de neceffité qu'il y a de fe mieux
couurir, le chaud y eftant continuel, ont fait negliger ces commoditez pour fe contenter de cafes, à la mode des Sauuages, faites
de rofeaux, ou pieux, couuertes
de feüilles de palmiftes, rofeaux,
& autres. Pour le bois, toute l'Ifle
en eft couuerte, à la referue de ce
que

que les François & Sauuages def-
couurent pour leurs habitations
& iardins : mais presque tout le
bois est subjet aux vers, d'où vient
qu'il y en a peu de bien propre à
bastir, & encore moins pour faire
nauires. Il est vray qu'en ces mers
icy le ver gaste aussi bien le bois
de France que celuy du païs ; c'est
pourquoy il faut faire vn doublage aux vaisseaux qu'on y enuoye
pour y demeurer quelque temps.

Les vents plus ordinaires icy
viennent de la terre ; ils ne sont pas
grands, sinon que quelquesfois, &
assez souuent, il vient des rafales,
ou vents de peu de durée, mais
fort impetueux ; c'est pourquoy
afin de se couurir, & n'estre em-
porté à vau le vent, comme quelques-vns ont esté, les vaisseaux arriuant rangent la terre à la portée

C

du piſtolet, la rade eſtant bonne
& ſaine, & les matelots ont toû-
jours la main à l'eſcoute pour
amener les huniers lors qu'il eſt
neceſſaire. Les ouragans, ou vents
extraordinairement furieux, qui
font tout le tour de l'horiſon, ab-
battent les arbres, & les maiſons,
de ſorte que fort peu en eſcap-
pent ; ne ſe ſont fait ſentir icy
auec tant de violence qu'à d'au-
trés iſles, non plus que les tonerres,
& tremblemens de terre.

Entrée & eſtabliſſement des François
en cette iſle.

CHAPITRE III.

Cette iſle, & autres voiſines,
ont iadis eſté veuës, & non

pas habitées, par Christophle Co-
lomb, & ses espagnols, qui ayant
sçeu que les naturels du pays
estoient canibales & anthropo-
phages, qui ne trouuoient aucune chair plus delicate que celle de
leurs ennemis, ne desirant si tost
mourir, passerent outre pour
chercher quelque meilleure for-
tune. Les François ont esté, comme on croit, ceux des Europeans
qui l'ont habitée les premiers. L'an
1635. feu monsieur de Nambuc
gentil-homme François gouuerneur de l'isle de S. Christophle,
homme d'esprit & de iugement,
& fort entendu à faire de nouuelles peuplades, & establir des co-
lonies en ces isles, enuoya le sieur
du Pont accompagné d'enuiron
quatre-vingts soldats, auec ordre
d'habituer la Martinique, & peu

apres autre quarante hommes
foubs la conduite du fieur de la
Vallée, qui deuoit eftre Lieute-
nant, & eft maintenant premier
capitaine de l'ifle. L'entreprife
eftoit hardie, & l'execution difficile; l'affaire ne fe paffa pas fans
noifes, & combats auec les Sauuages habitans de l'ifle, affiftez de
leurs voifins, de la Dominique,
S. Vincent, & autres; quelques
François y laifferent la vie: La di-
fette & manquement de viures
mit les autres bien en peine, & les
contraignit en cette extremité, de
viure de fruicts fauuages, racines,
& toutes fortes d'animaux des bois
proches, n'ofant s'éloigner de
crainte des Sauuages, qui de leur
part faifoiét tout le poffible pour
fe maintenir en leur poffeffion, &
en chaffer nos François: que s'ils

estoient contraints de se retirer,
à mesure qu'ils quittoient quelque lieu descouuert & planté ils
mettoient le feu partout à leurs
cases, & aux viures qui estoient sur
terre, pour en priuer les nostres,
qui aussi ne manquoient à en
planter partout où ils pouuoient,
autant que l'ennemy leur permettoit, mais c'estoit pour le temps à
venir, & le present, qui estoit celuy de leur disette, n'en estoit pas
soulagé. Nonobstant ces difficul-
tés, dans quelques mois nos gens
viennent à bout de leur dessein
auec l'ayde de Dieu, & s'emparent
de la partie de l'isle, où ils sont
maintenant, y plantent & bastis-
sent à la mode du païs. Les Sauuages Caraïbes se retirent, les vns
en l'autre partie de l'isle, nommée
la cabesterer, les autres aux isles

voisines ; tous auec resolution de
n'en demeurer pas là , & de reuenir auec plus grandes forces pour
chasser les François : mais ayant
apres quelque temps recogneu
leur foiblesse & impuissance , ils
parlerent de quelque accommo-
dement , & la paix fut faite telle
qu'elle peut estre auec ces infidelles. Le sieur du Pont s'embarque
pour aller rendre compte , & porter cette bonne nouuelle à Monsieur de Nambuc , & par mesme
moyen se pouruoir de viures &
autres commoditez. Il est porté
à vau le vent és terres Espagnoles,
où il est trois ans prisonnier. Durant ce temps , n'en ayant eu aucune nouuelle , on le croit perdu,
& monsieur de Nambuc se voyāt
proche de la mort pouruoit du
commandemāt de l'isle monsieur

du Parquet l'vn de ſes nepueux, que meſſieurs de la Compagnie luy ont confirmé. C'eſt vn braue gentil-homme, & bien pourueu de toutes les qualitez neceſſaires à cette charge. Il y entra, & s'y eſt maintenu iuſques à preſent, auec tant d'addreſſe, ſageſſe, & conduite, qu'il a gagné le cœur auſſi bien aux Sauuages Caraïbes qu' aux François. Les Sauuages le viſitent ſouuent, & le voyent, volontiers en leurs caſes, l'appellent leur compere, & le grand capitaine du Parquet; & celuy qui eſt le premier capitaine parmy eux, que nous appellons le pilote, à pris ſon nom; c'eſt la couſtume de ces Sauuages de prendre le nom de leurs bons comperes. Il fut il y a quelque temps les viſiter, ils le receurent fort honeſtement à

leur mode, le rocouerent, accom-
moderent les cheueux à leur façon, firent dancer comme eux, &
n'oublierent rien qu'ils iugeassent
necessaire pour luy tesmoigner de
l'affection : Ie dis tesmoigner de
l'affection ; & non pas rendre
de l'honneur ; d'autant que ces
barbares sont si vains, qu'ils se pre-
ferent à tous les hommes du monde, & ne font honneur à personne, par lequel il semble qu'ils se
recognoissent inferieurs; au reste
toutes ces ceremonies se font de
telle sorte, que monsieur le gouuerneur, & ses gens demeurent
tousiours arméz, & le pistolet à la
main, pource qu'il n'y a iamais
d'asseurance parmy ces Sauuages
quelque bonne mine qu'ils vous
fassent.

 Nos François peuuent estre

maintenant prés de mille habi-
tuez le long de la mer, entre les
mornes & au deſſus, en l'eſpace
de huiĉt ou neuf lieuës. La crainte des couleuures ou viperes, dont
nous parlerons, a déſtourné
plus de deux mille hommes d'y
venir ; on ſe deſabuſe peu à peu, &
deſia pluſieurs ſeroient à la Martinique, s'ils auoient le moyen d'y
aller. Nous y auons trois forts:
le Royal eſt le meilleur, & plus
conſiderable : il eſt dans le cul de
ſac dont nous auons parlé, en vn
lieu & aſſiette fort auantageuſe:
Il eſt muny de canon, & y a gar-
niſon ſuffiſante. L'Eſpagñol s'y
preſenta il y a quelques années,
mais ſans autre effect que du
bruit, & ſans en remporter que
de la confuſion.

J'ay parlé au chapitre precedent

des maisons. Les François n'ont
pas esté plus curieux de la bonté
& mollesse des licts de France,
que de la beauté des maisons: Ils
couchent dans des licts de coton
suspendus, qu'on appelle des ha-
mats, qui seruent encor de siege
durant la iournée; ce sont ouurages des Sauuages. Les habitations
sont iusques à maintenant esloi-
gnées les vnes des autres sans aucune forme de bourg, tant à cause des mornes qui les separent,
qu'à cause que chacun veut demeurer sur sa terre. On pretend
y en former bien-tost vn proche
du fort S. Pierre où la place est
belle: l'Eglise y est desia, on y fera
aussi l'auditoire, & autres œuures
publics.

Des commoditez que l'isle peut fournir.

CHAPITRE IV.

NOus parlerons en ce cha-
pitre & en quelques autres
suiuans autât par le rapport d'au-
truy que par experience. Le peu
de temps qu'il y a que nous fommes en cette isle ne nous ayant
donné le moyen de voir de nos
yeux tout ce qu'on nous disoit de
ses commoditez. Suffit que nous
en ayons veü vne partie, & que
l'autre soit si aueréé par la con-
stante relation de tous les habitans, qu'il n'y a aucune occasion
d'en douter,

Nous auons desia touché les
commoditez pour bastir: ie par-
leray en suite tant des biens qu'el-

le poſſede de ſoy-meſme, & pre-
ſentement, que de ceux qu'elle
n'a pas encore, mais dont elle eſt
capable, & qu'on luy peut aiſément, & doit-on à mon aduis
procurer au pluſtoſt, & ſans
leſquels il n'y a preſque rien à faire; pource qu'il eſt croyable que
partie de ce qu'elle a de ſoy viendra peu à peu à manquer, comme
il eſt aduenu autre part, à meſure
que le nombre des habitans croiſtra.

Generalement pluſieurs per-
ſonnes qui ont paſſé bonne partie
de leur vie en la nauigation de ces
iſles, aſſeurent que celle-cy ne ce-
de de beaucoup à aucune des iſles
des Caraïbes, tant pource qui eſt
des viures & nourriture, que pour
le profit qu'on en peut tirer, ſi les
François ſont auſſi auiſez & in-

duftrieux à faire valoir la terre,
que les autres nations. Pour le faire voir en particulier commen-
çons par les herbes.

Il y a quantité d'herbes medicinales , fans parler des fruicts,
dont plufieurs ont de la vertu : Le
gaïac , la fchine , la fcolopandre,
dont les feüilles font de fix & fept
pieds de long , & mille autres plus
rares , qu'vn homme verfé en la
cognoiffance des fimples fçau-
roit bien remarquer , & qui fe-
róient de bon debit en France.
C'eft merueille combien les Sauuages fe portent bien , & ont de
beaux fecrets; mais il eft impoffi-
ble de les tirer d'eux , fi ce n'eft à
la longue , & par quelque fineffe.
Les gouttes , pierres , & plufieurs
autres maladies trop communes
en France , font icy prefque inco-

neuës, tant ils y remedient promptement & efficacement : si les
blesseures ne sont mortelles ; ils
les guerissent si facilement & par-
faitement, que vous voyez celuy
que vous pensiez mort, retourner
dés le lendemain auec les autres à
la guerre. Ils ont vne herbe qui
dissout les tayes des yeux : ils gua-
rissent les fievres auec vne goutte
ou deux du ius d'vne herbe qu'ils
distillent dans l'œil ; quelques
François en ont fait l'experience,
& ressenty l'effect qu'ils desi-
roient, comme entr'autres vn des
gens de monsieur le gouuerneur,
qui m'en a luy-mesme asseuré. Ils
ont des herbes ou racines, qui ay-
dent merueilleusement les femmes qui sont en trauail d'enfant,
& les font heureusement accou-
cher ; & d'autres par l'vsage des

quelles des femmes qu'on croyoit
steriles ont conceu, & eu lignée:
pour la morsure des couleuures,
ou pluftoft viperes, dont nous
parlerons, ils n'en ont point de
crainte, d'autant qu'ils s'en gua-
riffent fans difficulté.

Venons aux herbes dont on
mange : celles du pays font les
choux, que nous appellons caraïbes, qui ne font point mauuais :
les feuilles des patales dont on
nourrit les animaux en quelques
endroits, font bonnes au potage,
& le bout de leur rejetton paffe
pour des afperges, ayant tellement le mefme gouft, que fi on
le mangeoit fans le voir, on croi-
roit manger des afperges. Le cœur
du haut des palmiftes, qui eft le
commencement & la naiffance
des feuilles nouuelles, blanc com-

me de la chicorée bien apprestée,
est fort bon en salade, & au pot
sans comparaison meilleur que
nos choux de pomme. Le pour-
pier vient en si grande quantité
par les champs, qu'on ie tient
pour vne mauuaise herbe, à cause qu'il nuit aux autres ; il n'est
pas si bon que celuy de nos iardins : les autres herbes du pays ne
nous font pas encore cogneuës.

La pluf-part des herbes de nos
iardins de France y viennent bien,
comme laictues, chicorée, oseille,
persil, choux, oignons, & autres ;
les concombres tres-bien. Pour les
melons semblables aux nostres,
en six semaines ou deux mois
vous les auez tres-bons, & ordinairement plus gros qu'en France. I'ay dit les melons semblables aux nostres ; d'autant qu'il
y en

y en a d'autres, qu'ils appellent
melons d'eau, qui ne font pas de
fi bon gouft que les noftres, mais
qui defalterent & rafraichiffent
grandement ; ils ont beaucoup
d'eau, c'eft à mon aduis ce qui les
a fait nommer melons d'eau : ils
ont la chair rouge, & font gros
comme citrouïlles mediocres,
nonpas fi longs, mais plus ronds,
de fi facile digeftion qu'vn homme en peut manger vn tout entier
fans crainte de s'en trouuer mal.
Plufieurs herbes icy, tant de celles
du pays, que de celles de France,
ne portent point de graine; poffible que l'induftrie & l'artifice
pourroit fuppleer à ce defaut, &
leur en faire porter, comme l'experience a fait voir en quelques
vns ; mais il n'en eft de befoin, la
nature y ayant pourueu par vne

D

autre voye, d'autant que ces herbes comme les choux & autres
pouffent quantité de rejettons,
qu'on plante, & qui viennent fort
bien.

Les pois ronds de France y viennent bien ; on n'en fait pas grand
eftat, dautant qu'il y a vne merueilleufe quantité de ces pois, que
quelques-vns appellent pois de
Rome, autres des fefoles, autres
haricots, qui portent en fix fe-
maines, excepté de petits, qu'ils
appellent pois Anglois, d'autant
que les Anglois font les premiers
qui en ont apporté, nó pas d'Angleterre, mais de la terre ferme de
l'Amerique; ceux-cy ne portent
que dans deux mois, ont bien
meilleur gouft, & font meilleur
potage que les autres, on en mange auffi en falade. Il y a en quel-

ques endroits des pois d'angole
semblables à nos lentilles ; ce sont
les delices des Negres ; ils iettent
comme vn petit arbrisseau qui
dure six ou sept ans, au bout des-
quels il en faut semer d'autres:
on en trouue plus grande quantité à sainct Christophle qu'aux
autres isles. Il y a aussi des pois
gros & plats, rouges & blancs,
qui iettét vne belle verdure pour
couurir des tonnelles de iardin, &
durent quatre ans. On ne manque
point d'ingrediens, qui seruent là
au lieu de poiure pour les sausses.

Quant aux racines, les patales,
de la feuille & reiettons desquel-
les nous auons desia parlé, sont
d'ordinaire plus grosses que nos
naueaux, & de beaucoup meilleur
goust : les Anglois de sainct Christophle n'ont point d'autre pain

pour la plus part: elles sont iaunes au dedans, il y en a aussi de rouges & de blanches : on les fait cuire dans la cendre, & en vn chaudron auec peu d'eau, & faut le couurir afin qu'il ne préne point d'air, si faire se peut : elles sont de bonne nourriture, & on s'en sert encore pour le hoüicou, ou la boisson du pays, comme nous dirons. Il y en a qui sans autre meslange en font de la boisson, mais elle n'est pas si bonne que celle qu'on fait de cassaue.

Le manioc est vne espece d'arbrisseau de cinq ou six pieds de haut, dont les feuilles ressemblét aucunement à celles de nos osiers ou saules : on le prouigne plantát en terre des bouts de bois de la longueur d'vn pied au plus. Il porte vne racine grosse comme

nos plus grosses bettes-raues, mais
blanche : que si on en veut auoir
de iuste grosseur, on attend vn
an. Apres auoir nettoyé ou raclé
cette racine, on la grege ou re-
duit en grosse farine auec vne sorte de raspe platte, qu'on appelle
grege, puis on la met en presse
pour en tirer toute l'eau, qui est
vn dangereux poison : apres on
met cette farine sur vne platine
de fer sur le feu, comme on fait les
galettes de bled noir, & on retire
vn grand pain, ou galette blanche comme neige, qui estant encore fraische a assez bon goust,
lors qu'elle est dure, & gardée
long temps elle en a fort peu :
voila le pain du pays, qu'il ne faut
pas manger chaud, d'autant qu'il
nuiroit à la santé : il ne charge
point l'estomach, mais aussi il ne

suftente pas beaucoup. On fait
de ces galettes plus espaisses pour
porter dans les vaisseaux ; & d'autres épaisses d'vn bō poulce, pour
faire du hoüicou, ou boisson du
pays : on les met toutes chaudes
dans l'eau, ou bien on les fait
pourrir entre des feuilles, puis on
les met dans l'eau vn peu chaude,
on les presse & manie pour en faire comme de la paste, puis on grege là dessus quelques patales, &
cela ensemble bout vingt-quatre
heures, apres lesquelles on le pas-
se, & le clair sert de breuuage, le
marc est pour les poules, si ce n'est
que quelques messagers y remet-
tent encore de l'eau pour en tirer
vn second hoüicou moindre que
le premier, comme quād on met
de l'eau sur le marc du vin, & cette seconde boisson à cause qu'elle

ne vault gueres, est appellée dans
le pays d'vn nom qui vault encore
moins. Le houïcou bien fait,
côme le font les Sauuages, est d'assez bon goust, & nourrissant, &
pris par excez peut enyurer. La
fertilité de ce manioc, dont vn
champ nourrira beaucoup plus
de personnes que s'il y estoit semé
du bled, a fait negliger la culture
de la terre, pour en retirer du froment de France, aucuns en ayant
seulement ietté quelques grains
deux ou trois doigts auant dans
la terre, ont veu paroistre dans
peu de temps des pailles hautes
de douze ou quinze pieds auec vn
espy au bout sans grains, qui leur
a fait iuger, que ce pays n'estoit
propre pour le froment. Il est
croyable que si on y auoit apporté vn peu plus de façon, il ne vien-

D iiij

droit pas mal aux lieux plus temperez, qui sont au pendant des
montagnes; comme le bled d'In-
de, ou maïs, le ris, & autres grains,
orge, auoine, lin, chanure y viendront aussi à ce qu'on croit, & on
l'a desia experimenté de quelques-
vns.

Disons icy à l'occasion de la
boisson dont nous auons parlé,
que la vigne y croist fort bien: elle
porte deux ou trois fois l'année
pouruceu qu'on la taille à temps,
& fort prés; & si on auoit l'experience des façons qu'il luy faut
donner, & le choix des lieux où
on la plante, & du temps de la
planter, & tailler, elle porteroit
ses raisins vn peu plus meurs que
ceux qu'on void, & dont i'ay gou-
sté à S. Christophle; Il faudroit
aussi porter de France de bons pe-

pins, ou de bon plan, comme on
peut sans difficulté.

La curieuse recherche des fleurs
n'est pas encore arriuée iusques
icy; La pauureté de la pluspart des
habitans les fait songer seulement
à ce qui est vtile. Il y a des ama-
ranthes, des fleurs d'vn rouge fort
éclattant, qu'ils appellent cardi-
nales; du iasmin dans les bois, i'en
ay veu à la gardelouppe en pas-
sant, de trois ou quatre façons.
Nous auons vne herbe qui porte
de la graine musquée; vne autre
appellee sensible, d'autant qu'elle
se ferme, & flaitrit si tost qu'vne
personne l'a touchée, & est
bien vn quart d'heure à reuenir, &
se redresser.

Continuation du mesme sujet, des
commoditez de l'isle.

CHAPITRE V.

VEnons aux fruicts & arbres
fruictiers. Nos pommiers,
poiriers, figuiers, cerisiers, abri-
cotiers, peschers, noyers, chastai-
gners, n'ont point encore paru
en ces terres ; on en a fait quelques
experience, mais peu, & seulement aux lieux plus chauds : auec
le temps on experimentera si aux
endroits plus temperez on non
pourra éleuer. Les fruicts du païs,
qui luy sont commun auec la
France, sont les citrons, limons, &
oranges. Il est vray qu'ils viennent
icy en merueilleuse quantité de

toutes sortes, & fort beaux, &
bons : les citroniers & limoniers
portent en dix-huict mois ou
deux ans, & les orangers en trois.
Il y a de petits citronniers dont on
fait les paliſſades, & de petits citrons qui ont l'eſcorce fort ten-
dre, & ſont ſi pleins de ſuc, qu'ils
en rendent autant que deux autres des plus gros. Ces arbres viennent de pepin, & de branche : Il
ne les faut ny greffer, ny enter, on
met ſeulement vne branche d'o-
ranger ou citronnier en terre,
ſans autre ſoing ny artifice. Les
grenadiers y viennent beaux, mais
pour en auoir du fruict il les faut
ébrancher par le bas, & faire croiſtre en arbres. On ne doute point
que les figuiers, oliuiers, & poſſible encore les amandiers, n'y pro-
fitaſſent ; mais perſonne n'y a eu

foin d'en planter. Il y a des acaïons
de jardin, bien differens de ceux
du mefme nom qui font dans les
bois, dont nous parlerons plus
bas ; ce font arbres mediocres, qui ont vne feuille affez
grande, & font vn grand ombra-
ge ; ils portent des pommes dou-
ces, & de bon gouft, qui ont quantité d'eau pour defalterer ; quelques-vns en font du vin, qui n'eft
pas de garde : au bout ou à la tefte
de ces pommes, il y a vn petit
fruict, qu'on appelle noix d'a-
caïon : il a vne efcorce dure, & é-
paiffe ; on en tire de l'huyle, qui
eft bonne, à ce qu'on dit, pour les
dartres ; & le fruict qui eft au dedans eft petit, mais meilleur que
nos noix, & nos chaftaignes.

Mais il faut aduoüer que ces ifles
ont le roy des fruits, & celuy qu'õ

croit qui n'a point en Fráce d'egal
en bonté, qu'on l'appelle anana: il
fort du cœur d'vne pláte ou herbe,
dont les feüilles lógues & eſtroit-
tes s'eſtallét en rond comme l'ar-
tichaux : il a la figure d'vne pomme de pin, mais il eſt beaucoup
plus gros, la peau rude, & diui-
fee par carrez tout de meſme que
cette pomme; au pied quatre ou
cinq rejettons, qui feruent de
graine, qu'on plante à la pleine
lune pour en auoir du fruict au
bout de l'an : ſa couleur eſt verde, tirant vn peu fur le iaune quád
il eſt en maturité: il porte fur la
teſte vne touffe ronde de feuilles,
qui luy fert comme de couron-
ne pour marque de fon aduantage & excellence fur tous les autres
fruicts: fon gouſt a quelque rapport à celuy de la poire de bon

chreſtien ; mais il eſt plus ſucré, &
a plus d'eau qui eſt tres-agreable. Il
y a vne ſorte de ces ananas qu'on
appelle anana de pite, dautant que
de la feüille les Sauuageſſes tirent
vn fil, qu'on appelle fil de pite,
qui eſt fort bon, & ſans compa-
raiſon plus beau que le plus beau,
que nous ayons, & les ouurages qu'on en fait peuuent paſſer
pour des ouurages de ſoye.

Les bananiers ſont de la hau-
teur de quinze ou vingt pieds, ont
le tronc touſiours verd, compoſé
de diuerſes peaux comme nos oignons, la feuille large d'vn pied,
& longue de ſix ou ſept : ils ne
portent du fruict qu'en vne ſeule
tige, qui eſt toute reueſtuë de ba-
nans, il y en a bien quelquefois
quatre vingts ou cent, & on appelle cela vn regime de bananes,

ce fruict est long de demy pied,
iaune en dedans, & de bon goust,
on en met par cartiers seicher au
soleil, ils les appellent des bananes
côfites, qui ont le goust de dattes,
& meilleur. Les figuiers de ce pays
sont semblables aux bananiers, &
les figues aux bananes, sinô qu'elles ne sont si rondes, mais vn peu
plus plattes & plus courtes, &
n'ont pas du tout si bon goust.

Il y a encor quantité d'arbres
dâs les bois qui portét des fruicts,
dont quelques vns ont assez bon
goust, comme les pommes appel-
lées gouianes, les papaies, les ma-
mains, les cachimens, qui ont le
goust de la cresme vn peu sucrée.
Il y en a de ceux-cy & d'autres
dont les fruicts seruét pour la me-
decine, & vne certaine sorte de
pomme dôt les pepins gros com-

me de nos febues mediocres, sont
de fort bon goust, & s'appellent
noix medicinales, d'autant que si
vous n'ostez vne petite feuille
blanche qu'ils ont dans le cœur,
ils purgent grandement, & pro-
uoquent aussi à vomir.   Pour la
plus-part des autres fruicts qu'on
trouue dans les bois, ils seruent à
engraisser les perroquets, perdrix,
ramiers, gruës, & autres oyseaux.

Les arbres sauuages sont la plus-
part plus hauts que les nostres; il
y en a peu qui soient propres à
bastir, ou à faire des vaisseaux,
d'autant que le ver s'y met: vray
est qu'il n'espargne pas plus les
bois de nostre Europe que ceux
du pays, c'est pourquoy on donne vn doublage aux vaisseaux que
l'on y enuoye, autrement le ver
les perçant ils seroient en danger.

Le

Le cœur d'acòmat eſt bon pour
la charpante; on fait des aix & de
beaux ouurages de l'acaïou des
bois, qui eſt de couleur rouge, &
de bonne odeur.

On y trouue auſſi d'autres bois
rouges, dont la feüille eſt de bonne odeur: les arbres appellez courbaris portent vn fruict aſſez long,
plat & dur; il y a au dedans auec la
graine comme de la pouſſiere, qui
a entierement le gouſt de pain
d'eſpice; & nos Fraçois lors qu'ils
habiterent l'iſle dans leur diſette
y eûrent recours. Trois ou quatre ſortes de palmiſtes; les vns
eſpineux, dont on peut tirer du
vin agreable, mais qui ne ſe con-
ſerue qu'vn iour ou deux au plus;
les autres ſans eſpines. On ſe ſert
des feüilles de ces palmiſtes & autres arbres comme en France du

E

chaume pour couurir les cafes, &
ajoupas, ou apentis. Les fauonet-
tes portent vn fruict rond, gros
comme des groffes noifettes ; le
deffus ou efcorce efpaiffe d'vn
tefton, eft propre à fauonner,
c'eft pourquoy on la nomme fa-
uonette ; mais il en faut fort peu,
autrement il brufleroit le linge,
comme auffi feroient les cendres
du pays, qui en mettroit beaucoup
à la lefciue : le dedans eft vne petite noifette noire & dure, dont on
peut faire de beaux chappelets.
Nous y auons des arbres qui portent des calebaffes groffes comme
nos citrouilles mediocres, & s'appellent calebaffiers ; on fe fert de
ces calebaffes pour apporter l'eau,
ou on les fend en deux pour s'en
feruir à boire. On appelle ces belles
taffes des couïs. Il y a encor d'au-

tres calebaſſes de diuerſes façons
& figures, & plus petites, qu'on
apporte en France pour mettre de
la poudre, & autres choſes. Nous
ne ſçauons point le nom de certains arbres, dont l'écorce pilée
iette vne eſcume qui ſert aux Sauuages à enyurer les poiſſons, & les
prendre lors qu'ils viennēt à bord:
ny de ceux dont ils ſe ſeruent pour
faire du feu, frappant le bois l'vn
contre l'autre. Pluſieurs arbres
portent des gommes, & ſans doute pluſieurs ſortes de ces gommes
ſeroient en eſtime en France, &
en ces iſles, ſi on les cognoiſſoit
bien, & leur vtilité : maintenant
on ne ſ'en ſert qu'au lieu de glu, à
l'exemple des Sauuages.

Le iunipa porte des pommes de
meſme nõ, qui noirciſſent ce qu'õ
y touche; de ſorte qu'il eſt preſque

impossible d'oster cette noirceur, mais elle disparoist d'elle-mesme le neufiesme iour. Les bois sont pleins de lienes qui pendent des arbres ; ce sont comme quelque espece de lierre qui s'attache & rampe iusques au haut des arbres, puis n'ayant plus ou monter, iette du bois qui pend en bas iusques à terre, où il va chercher vn autre arbre pour y monter encore : ces lienes sont fortes, les Sauuages s'en feruent pour monter aux arbres, où autrement ils ne pourroient monter à cause de leur grosseur: on les fend aussi en quatre pour s'en feruir comme de cordes ou d'osiers pour lier les roseaux dont on fait les cafes, & autres choses ; à quoy fert aussi la seconde écorce d'vn arbre nommé mahault. Ie n'aurois iamais fait, si ie voulois

rapporter toutes les fortes d'arbres des bois de ce pays: ie mar-
queray donc feulement, qu'il n'y
en a aucuns de ceux qui nous font
communs en Fráce, comme chef-
nes, frefnes, foufteaux, & autres;
auffi en France n'auós nous point
de courbaris, acomats, acaious,
& autres femblables, qui font les
bois de la Martinique.

Nous auons parlé des bleds,
grains, racines, & herbes de ce
pays, defquelles on mange; refte
à dire quelque peu des autres chofes qui feruent à la nourriture des
hommes. On a commencé à auoir
des pourceaux, dont quelques-vns
fe font fait marons, c'eft à dire
qu'ils ont fuy dans les bois, où ils
multiplieront au grand bien de
cette ifle : car d'autres beftes à quatre pieds il n'y en a point, finon

possible quelques rats musquez, &
quelques agoustis ; ce sont petits
animaux qui ont quelque chose
de nos lapins. Il n'y a ny cerfs, ny
sangliers, ny loups , ny renards.
Si on enuoyoit ou transportoit là
quelques vaches & brebis, on feroit vn tres-grand bien au pays,
& cela est necessaire, d'autant que
la tortuë, les lezards, & autres animaux pourront aussi bien manquer là à mesure qu'on peuplera
l'isle, comme ils manquét à sainct
Christophle, où il y en auoit autrefois quantité. Il y a des poules
en nombre , la pluspart ne leur
donnent rien, & les laissent aller
dans les bois, aussi en retirent-ils
peu de profit pour les œufs ; mais
en recompense ces poules y ayant
couué vous amenét quelquefois,
lors que vous y pensez le moins, de

belles bandes de poulets.

Les viures que le pays fournit de luy-mesme sont ceux-cy, griues, perdrix, ou pluſtoſt tourterelles de pluſieurs ſortes, ramiers, perroquets, qui à la ſaiſon ſont fort gras, & ne cedent en bonté à nos poules; ils apprennent à parler auec vn peu de peine, mais prononcent aſſez franchement ce qu'ils ont vne fois appris. On y voit les oiſeaux que nous appellons crabiers, d'autant qu'ils ſe nourriſſent de crabes: Il n'y manque pas d'autres ſortes d'oiſeaux, mais plus rares, & dont on ne mange pas d'ordinaire.

Les aras ſont deux ou trois fois gros côme les autres perroquets, ont vn plumage bien different en couleur: ceux que i'ay veu auoient les plumes bleuës & orangées. Ils

apprennent aussi à parler, & ont
bon organe. Ceux qu'on nomme flamens font rouges & blancs,
ont les jambes & le col fort longs,
le corps fort petit. Nous en voyós
assez souuét qu'on appelle gráds-
gosiers, à cause de la grandeur &
capacité extraordinaire de leurs
gosiers, qui tiennent quelquefois
bien pres d'vn seau d'eau. On trouue des fregades dont on tire de
l'huile, ou espece de graisse sou-
ueraine pour le refroidissement
de nerfs, comme l'est aussi, à ce
qu'on dit, l'huyle qu'on tire des
soldats : ce sont comme de petites
écreuisses auec vn mordant seulement, qui chassent de leurs co-
quilles quelques petits limaçons
de mer ; & s'en emparent, pour y
demeurer iusqu'à ce que deuenus
plus grands & gros, ils les quit-

rent, & en vont chercher d'autres
plus grandes. Puis que nous
auons parlé des oyſeaux, ie veux
remarquer icy, que nous n'en
auons oüy aucun qui merite d'ê-
tre priſé pour ſon chant, & qu'il
y a auſſi en ce pays comme en
Canada, certains petits oyſil-
lons d'vn treſ-beau plumage,
qui viuent de fleurs auſſi bien
que les abeilles : nous les appellons colibry, c'eſt le mot des
Sauuages, qui ſignifie oyſeau,
que nous auons affecté particulierement à celuy-cy ; on en apporte de mors en France.

Les tortuës de mer font vne
vne bonne partie des viures du
païs; il y en a quantité d'vne grandeur prodigieuſe, de quatre pieds
& plus ; on les prend dans la mer à
la vare, qui eſt vne eſpece de ba-

ſton ferré, ou bien on les attend
la nuict ſur les anſes de ſable, où
les femelles viennent pondre depuis le mois d'auril iuſques à la fin
d'aouſt ; telle femelle a plus de
trois cens œufs. La façon de les
prendre la nuict ſur ces anſes de
ſable, eſt de les renuerſer ſur le dos
lors qu'elle ſont à terre, où on les
laiſſe iuſques au matin, d'autant
qu'elles ne ſe peuuent retourner,
ny s'enfuïr:il ne faut pas les prédre
par déuant, pource que la mor-
ſure en eſt dangereuſe ; on les
prend donc par le coſté, & telle y
a qu'il faut deux hommes pour la
renuerſer : On en mange de frai-
che qui eſt fort bonne ; on en ſale
vne partie ou en verd, ou en taſſa-
ge, afin d'en auoir durant les mois
qu'elle ne terriſt point, c'eſt à dire,
ne vient à terre : cette chair ſalée

à quelque gouſt de bœuf, & eſt vn peu trop ſeiche.

La tortuë eſt fort defiante, & void fort clair ; mais elle eſt ſourde ; de ſorte que les valets qui paſſent la nuiƈt ſur les anſes, cachez dans le bois, y peuuent cauſer, chaũter, & ſe réjoüir pour chaſſer le ſommeil. Il y a vne eſpece de tortuë qu'on appelle caret, dõt l'eſcaille eſt de prix : on met le plaſtron ou eſcaille de deſſus ſur le feu, ou au prés, pour le diuiſer en pluſieurs parties, qu'on appelle feilles, qui à cauſe de leur tranſparence, & varieté de couleurs, ſont recherchées en France, pour en faire des peignes, coffrets, cabinets, & autres ouurages.

Le lamentin, que quelques-vns appellent la vache de mer, eſt aſſez commun proche des iſles ; ſi

on auoit des barques, & des pefcheurs on en auroit quantité: la
chair a le gouft de celle de bœuf;
on en tire de l'huyle pour brûler;
il a dans la tefte quelques pierres
qui font recherchées pour la gra-
uelle; on dit auffi que les petites
coftes font bonnes pour ce mal,
ou pour la colique; on met ces
pierres & coftes en poudre, & on
en prend le poids d'vn efcu dans
du vin blanc; & le mefme fait-on
des pierres de crabes pour le mefme mal, comme nous dirons.

Nous auons des lezards longs
d'vne aulne; les mafles font gris,
les femelles verdes; le manger en
eft bon. On les chaffe par les bois
auec des chiens, & lors qu'ils fe
fauuent dans les arbres, où ils
montent fort legerement, les
François les tirent; mais les Sau-

uages montent dans l'arbre par les
liennes, & le prennent par le gros
de la queuë, où il ne se peut plier
pour les mordre; que s'il est sur
quelque bout de branche, où ils
ne puissent porter la main, ils luy
mettent au col vn lacet auec vne
ligne ou petite perche, & ainsi le
tirent à eux : il endure tout cela
plustost que de se ietter en bas, s'il
y void des chiens ; que s'il n'y en a
point, il saute gaillardement des
plus haults arbres en terre sans
s'offencer ; & quand on le tient on
luy lie le bec, & les pieds, & en
cette façon on le garde les quinze
iours entiers & plus en vie si on
veut. La femelle a bien vingt
ou trente œufs, gros presque côme des œufs de pigeon, & liez ensemble ; ils n'ont point de blanc,
& sans hyperbole, valent mieux

au potage, & fricaſſez que nos
œufs de poules. Quelques vns
mangent auſſi de gros crapaux
larges comme vne bonne aſſiette;
nous en auõs aſſez veu, & croyons
que ce ne ſont que grenoüilles, &
non pas crapaux.

Le manger le plus commun des
Sauuages, pource qu'ils ſont ſi
faineants qu'ils ne veulent pas
prendre la peine de chercher autre choſe, ſont de groſſes crabes
de terre, ou cancres blancs, qui
ſont en des trous de terre aſſez
proches de la mer: de vray ils ſont
bons, & pluſieurs François s'en
contentent bien lors qu'ils en
ont, & meſme quelques vns mangent d'autres crabes, qui ne ſont ſi
groſſes ny ſi bonnes, ſont celles
qu'ils appellent des tourlouroux,
qui ſont petits cancres rouges,

qui gaſtent fort les jardins proches de la mer, où ils ont leurs
trous : vous en voyez la terre toute cǫuuerte ſur la fin du mois d'a-
uril, qu'ils font vn tour à la mer
pour ſe baigner, & s'en reuiennent
incontinent.

La mer eſt aſſez poiſſonneuſe :
nos poiſſons, excepté le lamentin,
les marſouins, & la dorade, n'ont
point de nom parmy nous, d'autant qu'ils ſont tous differens de
ceux qu'on void en France : Les
Sauuages du païs, & auſſi quelques eſclaues noirs, ſont fort manigats, c'eſt à dire, adroits à la
peſche.

De ce qu'on peut transporter de l'isle
de la Martinique en France,
& ailleurs.

CHAPITRE VI.

LE petun a esté iusques à
present la seule marchandi-
se qu'on a rapportée en France
de cette isle, & des autres que les
François habitent. Il est excellent en nostre isle ; mais la plus
grande partie n'est pas de garde
passé six mois ; il est aussi fort le-
ger, qui est cause que les habitans
ny peuuent pas gagner, principalement en ce temps que cette herbe est à si vil prix.

Les cotonniers y sont beaux &
bons : ce sont arbrisseaux assez
agreables,

ägreables, qui portent des fleurs
les vnes jaunes, & les autres rouges, au milieu defquelles fe forme comme vne petite bource, où
eſt le coton, qui venant à pouſſer
la fend en quatre pour fortir. Il
n'y a pas tant de façon à le cultiuer
que le petun, qu'il faut prefque
continuellement farcler; il faut
l'éjamber, c'eſt à dire oſter les
feuilles plus baſſes, & en laiſſer
peu; il faut luy couper la teſte en
certain temps, afin qu'il ne pouſſe
trop en haut; quand il eſt cueilly
il le faut faire ſeicher à l'ombre, puis le torquer, & mettre
en rouleau: là où le coton ne dé-
fire que peu de façon, incontinent l'arbre couure d'ombre la
terre voiſine; & ainſi empeſche
les mauuaiſes herbes de croiſtre,
de forte qu'il y a peu à farcler;

E

quand il eſt cueilly on le laiſſe ſeicher au ſoleil quelques iours, &
en fin on en tire la graine par le
moyen de quelques petits moulins dont on fait tourner les rouës
de bois auec le pied, comme
font les émouleurs de couteaux.
Il eſt vray que le coton emblaye,
comme ils parlét, c'eſt à dire rem-
plit & empeſche trop les vaiſſeaux
y tenant trop de place ; mais le remede eſt aiſé, ſi on veut, c'eſt d'en-
uoyer des femmes, & ouuriers,
pour le filer, & mettre en œuure;
on en feroit des toiles, futaines, &
autres eſtoffes, qui ſe debiteroient
bien & en France & ailleurs, & on
en feroit quantité, d'autant que le
cotonnier porte deux ou trois fois
l'année.

Mais le ſucre vaudroit mieux
au gouſt de pluſieurs que tout

cela. Les cannes sauuages, & qui
sont creuës sans culture ny artifice, sont belles : on en a fait l'experience qui a bien reüssi : elles vien.
nent à leur perfection en huict
mois. On dit communemét qu'elles ne peuuét croistre qu'aux lieux
humides ; & neantmoins il s'en
trouue icy de belles sur le hault de
quelques mornes ou montagnes;
possible que le voisinage des nuées
rend ces lieux assez humides. Ceux
qui succent la moëlle de ces cannes verdes disent que le suc qu'ils
en tirent lâche doucement le ventre. Quãd les moulins seront faits,
cette isle sera plus considerable
que par le passé.

Le rocou pourroit apporter
aussi du profit : il y vient bien, &
nos Sauuages l'employét à se rou-
gir tout le corps. I'ay desia dit

qu'il y a quantité de simples tres-
bons & tres rares, que les marchands debiteroient bien en France, comme aussi quelques bois
rouges, & autres bois verds. Il y a
dans la gardelouppe vne soul-
phriere, & vne autre beaucoup
meilleure dans la dominique; on
n'a encor veu qu'vne partie de cette isle de la Martinique, c'est pourquoy on ne sçait au vray s'il y en a,
non plus que des mines. Les Sauuages sçauent où il y a des mou-
ches à miel, que nous pretendons
découurir pour en tirer le profit.
On croit que quelques espiceries
y viendroient bien, qui seroit vn
bon trafic; comme aussi de la
casse: l'en ay veu de sauuage à la
gardelouppe chez les R.R. P. Do-
minicains, qui bien que sauuage
ne laisse pas de seruir; cela estant,

on iuge asseurément que la fran-
che y fera bien si on en plante.

Les vaisseaux qui passent par
icy traittent aussi pour d'autres
denrées ; de la cassaue, ou pain du
pays ; des pois ; du caret pour faire
des peignes , des coffres & cabinets. Quand la saline sera en estat
les estrangers y viendront aussi
querir du sel : & qui auroit vne
barque pourroit porter aux autres
isles du sel, de la tortuë, du lamentin, & autres choses , sur lesquelles
il gagneroit beaucoup.

Il y a encore d'autres commoditez qu'on peut retirer de cette
isle & autres ; mais qui regardent
le public , ou les personnes qui
gouuernent ; & non pas les parti-
culiers, c'est pourquoy ie ne iuge
pas à propos de les rapporter icy.

Ie ne parle point aussi de ce que

les marchands doiuent apporter
en l'ifle pour traitter auec les habitans; ils font affez foigneux de
s'en bien informer au prealable
que d'entreprendre le voyage, &
ce n'eft pas à moy à les inftruire:
ioint que de ce que i'ay dit, ils co-
gnoiffent aifément ce dont nous
auons plus de befoin. Quand à
ceux qui y voudroient venir pour
s'y eftablir; ils peuuent auffi cognoiftre de ce qui a efté dit ce de-
quoy ils doiuent faire prouifion.
Qu'ils apportent beaucoup de linge, chappeaux, fouliers, quelque
petite eftoffe de couleur pour faire des caleçons ou hault-de-chauf-
fes; pour les pourpoints ils y font
peu en vfage, & les manteaux encore moins. Les bas de chauffes
doiuent eftre ordinairement de
linge, pour euiter les vlceres des

jambes. Qu'ils ayent auſſi du fil,
de la ſoye, vn peu de bœuf & de
lard, huyle, beurre, graiſſe, platine dè fer pour faire de la caſſaue,
quelques pots de terre, bon nombre de haches & ſerpes pour couper le bois, & autres ferremens &
vtenſiles. Mais la principale ri-
cheſſe d'vn maiſtre de caſe con-
ſiſte au nombre de ſeruiteurs qu'il
amene pour découurir & cultiuer
la terre : Le marché qu'on fait
auec eux eſt, qu'ils ſobligent à
ſeruir pour trois ans, & moyen-
nant cela le maiſtre les fait paſſer
à ſes deſpens, les nourrit, & leur
donne par an quatre vingts ou
cent liures de petun, & eux-meſ-
mes s'entretiennent d'habits. Au
bout des trois ans, s'ils veulent demeurer dans l'iſle, ils demandent
quelque place à monſieur le gou-

uerneur, qui l'accorde fort volontiers aux lieux qui ne font encor
occupez. Quelquefois deux ou
trois hommes fe font matelots les
vns des autres, c'eft à dire, fe ioignent & affocient enfemble, &
tiennent vne mefme habitation,
qu'ils font à frais communs.

Des incommoditez de l'ifle.

CHAPITRE VII.

NVl bien fans peine, c'eft vn
meflange neceffaire en ce
bas monde que celuy du bien &
du mal. Noftre ifle a des commoditez, elle a auffi des incommoditez. Ie n'entends pas icy par incommoditez le manquement de
quelques commoditez. Ce que

nous auons dit iufques à prefent fait affez cognoiftre ce qui nous manque.

Venons donc aux incommoditez pofitiues & reelles. C'eft merueille fi quelqu'vn efchappe, de ceux qui arriuent de nouueau aux ifles, qu'il n'ait quatre ou cinq accez de fievre, encore mefme, qu'il fe foit fait purger & faigner à l'arriuée ; le remede eft facile, qui eft de corrompre fon mal en marchant & trauaillant, & ne fe laiffer abbattre.

Les perfonnes qui fe tiennent oifiues, qui ne font que dormir le iour, ou qui f'abandonnent à la trifteffe, ne font pas pour viure longuement en cette ifle : les vlceres aux jambes qui font affez difficiles à guarir, les maux d'eftomach, & autres incommoditez

les accueillent, & dépefchét bien-
toft. Il faut icy fuïr la melan-
cholie, marcher & trauailler gaillardement, fe tenir nettement, &
fe lauer fouuent ; pour cet effect
les feruiteurs ont l'aprefdinée du
famedy libre, pour fe baigner, &
lauer leurs linges & autres hardes:
S'ils ne fe lauent, & tiennent pro-
prement, & trauaillent, ils deuien-
nent incontinent malingres, c'eft
à dire lafches, malades, & inuti-
les,

Le mal des pians eft affez commun parmy les Negres, non pas
tant parmy les François. C'eft vn
vilain mal, auquel on apporte les
mefmes remedes qu'à la groffe ve-
role ; car quoy qu'il ne procede
pas de la mefme caufe, il a neantmoins quelque affinité auec elle,
& les mefmes effects fur les corps.

Il n'y a icy ny puces, ny pour l'ordinaire de poux, ou autre semblable vermine ; mais en la place il y a dans les maisons des chiques, qui se forment dans la poussiere ; elles sont si petites qu'on ne les aperçoit , quoy qu'elles soient noires : ces petits animaux attaquent particulierement les pieds, & les parties d'iceux proches des ongles , ou les talons & la plante, entrent dans la chair, & grossissent comme de nos pois, & font de petits, & si on ne les tire il y a à craindre quelque vlcere ; mais on les tire aisément auec vne espingle, & ceux qui arrousent souuent leurs cases n'en ont point, à quoy l'eau de mer est meilleure que celle de riuiere, combien que celle-cy soit bonne. Le petun verd sert aussi, à ce

qu'on dit, de remede contre ces
chiques.

Il n'y a point dans les bois de
maringoins, si ce n'est sur le
bord de la mer, où on en voit &
sent quelques-vns le soir & le matin : mais il y a dans les bois des
tiques, petits animaux plats, qui
succent le sang iusques à ce qu'ils
creuent ; mais ils ne font grand
mal, & causent seulement quelque demangeaison.

Les petits animaux nommez ra-
uers, mangent & gastent les draps,
si on n'y regarde souuent, & on
ne les met à l'air.

Il y a des vers qui percent les fu-
tailles, & tout ce qui est de bois,
c'est pourquoy les vaisseaux de
terre y sont meilleurs.

Mais ce qui a le plus descrié
l'isle, & empesché deux mille per-

fonnes d'y venir, font de grandes
couleuures, ou pluftoft viperes;
car elles ont toutes les proprietez
des noftres, qui ont vne morfure
mortelle, fi on n'y remedie promptement. Il eft vray qu'il y en a;
mais non pas en la quantité qu'on
fe perfuade, & fi on n'y eft pas
fans remedes : elles n'attaquent
pas les hommes qui ne les tou-
chent point, & fe retirent la plufpart aux lieux plus efcartez dans
les bois.

Les chemins font fort difficiles par les mornes, ou montagnes.

Les Sauuages nous apprennent
qu'il y a quantité de poifons, &
fçauent bien enuenimer leurs fléches. Les pommes de l'arbre qu'on
appelle Manfenille, font tres-
dangereufes, iufques là, que fi l'eau
de la pluye qui a touché ces pom-

mes tombe fur la main nuë, ou
autre partie de l'homme, elle la
fait enfler incontinent.

La plufpart des viures du pays
font legers, & de peu de fuc; ce
qui fait qu'on eft contraint de
manger affez fouuent, & que le
ieufne eft fort difficile, & quelque
fois dangereux.

La plufpart des remedes qu'on
apporte icy de France perdent
tout ou partie de leur vertu. Le
fer fi roüille grandement, caufe
pourquoy il eft néceffaire de re-
uifiter fouuent les armes.

La crainte de furprife de la part
des Sauuages eft prefque conti-
nuelle, d'autant qu'ils font fans
foy, & quelque promeffe qu'ils
faffent, & bonne mine, il ne fi
faut fier, non plus qu'eux ne fe
fient pas trop à nous; ils font

merueilleufement diſſimulez, &
traiſtres, comme nous dirons.
On a auſſi quelque crainte, mais
non pas grande, de la flotte des
ennemis eſtrangers, qui a couſtume de paſſer proche, & quelque
fois à la veuë de cette iſle, & meſme y prendre de l'eau : neantmoins ny les Sauuages, ny les
eſtrangers n'auront aucun aduantage ſur les François, tandis
qu'ils feront ſur leur garde comme ils ſont.

Des François qui habitent l'iſle, &
des Negres eſclaues.

CHAPITRE VIII.

NOus auons pres de mille
François en cette iſle, &

esperons que le nombre croiftra
notablement à l'aduenir par le
foin des Seigneurs de la Compagnie de ces ifles, & le bon ordre
qu'ils donneront, tant pour fa-
ciliter les paffages en diminuant
le prix, que pour rendre ces ifles
plus vtiles, leur faifant porter du
coton, du fucre, & autres denrées,
dont la traitte fera de plus grand
profit que celle de petun.

Nos François font tels pour ce
qui eft des mœurs, que peuuent
eftre des peuples prefque abandonnez de tout fecours fpirituel,
fans Meffe, fans Preftre, fans Pre-
dicateur, fans Sacremens, dás vne
trop grande licence, liberté, &
impunité. Nous y auons trouué
trois Preftres en vn quartier de
l'ifle; les autres nommez du pref-
cheur, de la cafe du pilote, & du
fort

fort royal, qui font bien fix ou
fept lieuës de pays, n'en auoient
point, & Dieu fçait fi ces bons
Ecclefiaftiques ont eu beaucoup
d'authorité, & fait bien du fruict
là où ils eftoient. Nous voulons
neantmoins croire que nos François ne font pas fi vicieux, & fi
mauuais qu'on les fait en France;
quoy que nous ne puiffions nier
qu'il n'y ait des heretiques, & quelques libertins & athées, efprits ftu-
pides & brutaux, dont le nombre
ne peut eftre fi petit qu'il ne foit
trop grand.

L'Eglife iufques à noftre arriuée eftoit en fi bon eftat, qu'à celle qui tient le lieu de la paroiffe,
qui eft proche du fort fainct Pierre, il n'y a ny ornement, ny perfonne qui en ait foin : Il fera neceffaire fi on veut affifter felon

G

Dieu tous les habitans, dont la
plus-part ont esté iusques à prefent deftituez de tout fecours fpirituel, de faire trois maifons &
Eglifes, d'autant que nos François
contiennét bien neuf ou dix lieuës
d'eftenduë le long du bord de la
mer, en vn pays fi rude à caufe des
mornes, qu'vne Eglife ne peut
s'eftendre que deux ou trois lieuës
au plus.

Nos François viuent affez franchement enfemble: il n'y a ny ho-
ftellerie ny cabaret; mais quand
on va de lieu à autre, on difne où
on fe rencontre, perfonne ne re-
fufant aux furuenans ce qu'il leur
peut donner.

Parmy les François il y a des
noirs, ou mores du cap-vert, &
ailleurs affez bon nombre, non
pas fi grand toutesfois qu'on

n'en defiraft dauantage, & que
ceux qui en ameneroient ny
trouuaffent bien leur compte,
d'autant qu'vn efclaue noir eft
bien plus vtile qu'vn feruiteur
françois, qui n'eft que pour trois
ans, a befoin d'habits, demande
des gages, n'eft pas fi accouftumé
aux chaleurs; là où les noirs font
pour toute leur vie, n'ont befoin
que de quelque linge pour couurir leur honte; n'ont rien que
leur vie, encor bien miferable-
ment, fe contentant de caffaue &
de pois, & font faits à l'air & au
chaud, quoy que s'ils n'y prennêt
garde ils font fujets à la vilaine
maladie des pians.

Ces mores ont l'efprit fi groffier
& hebeté pour la plufpart, qu'aucun ne fçait ny lire ny efcrire, &
croit-on qu'il eft prefque impof-

fible de leur apprendre. Ils font
neantmoins rieurs & mocqueurs,
& remarquent affez bien ce qu'on
fait qui leur femble impertinent.
Il y en a quelques-vns de bapti-
fez, mais dans vne infupporta-
ble ignorance des myfteres de
noftre foy : c'eft pourquoy il y
en a peu qui ayent efté admis à la
faincte communion. Leurs ma-
riages fe font auffi faits fans les
ceremonies requifes; Il y aura de
la peine à racommoder tout cela,
mais peu à peu on en viendra à
bout, & on les inftruira.. Ils en-
-tendent defia pour la plufpart aucunement le François, & en difent
quelques mots fans les articles, &
autres particules que nous y ad-
iouftons,

Ils font bons pour le trauail,
pouruçu qu'on les veille & preffe;

car autrement ils sont faineants
grandement, & passeront le temps
à dormir ou causer. Quand ils
manquent il ne faut les flatter, ny
leur espargner le chastiment ;
s'ils l'ont merité, ils ne s'en fachent
point ; mais si vous les frappez
sans cause, ils s'affligent tellement
que bien souuent ils en meurent
au bout de quelque temps. Iamais
l'vn ne rapportera la faute d'vn
autre, quoy qu'ils fussent auparauant ennemis.

Ils ont ordinairement du feu
iour & nuict en leurs cases lors
qu'ils y sont, & ne sçauroient viure autrement, quoy qu'ils aillent
à l'air presque tous nuds. Ils aiment fort l'eau de vie, qu'ils appellent du brusle-ventre.

Cette miserable nation semble
n'estre au monde que pour la ser-

uitude & esclauage , & dans leur
pays mesme ils sont la plus-part
esclaues du Roy ou d'autres; on les
vend aux europeans à assez bon
marché. Ce leur est vn bon-
heur d'estre auec les François, qui
les traittent assez doucement , &
parmy lesquels ils apprendront ce
qui est de leur salut , & perseuere-
ront en la foy tandis qu'ils y seront : car autrement s'ils retournoient en leur pays , ou alloient
auec les Sauuages ; ils sont si inconstans, & si indifferens en ce qui
est de la religion, & si brutaux,
qu'ils retourneroient tout incontinent à la façon de viure de leurs
compatriotes , ou des barbares
parmy lesquels ils seroient , sans
aucun soucy ny de salut ny de religion. On en a veu quelques-vns
neantmoins bien deuots & affe-

ctionnez aux chofes de leur falut:
vn entr'autres qui mourut il y a
quelque temps chez monfieur le
gouuerneur, qui prioit fouuent,
& ne demandoit rien tant que
d'eftre inftruit, & que l'on par-
laft de Dieu & des chofes fpiri-
tuelles.

Il y en a de fort fimples parmy eux, tefmoin vn excellent pef-
cheur, qui au commencement a
bien feruy aux François pour les
nourrir : il ne veut pas prendre vne tortuë quand elle eft à
terre, d'autant, dit-il, que c'eft vne
mefchanceté de les prédre quand
elles nous viennent vifiter. Quand
fon canot ou fcute a ferui quelque
temps, ou eft bien chargé, il l'en-
courage par des difcours qu'il luy
fait, & luy promet du repos pour
quelques iours, & ne manque pas

quand il eſt de retour de luy en
donner. Ils nagent ſi bien, & eux
& les Sauuages, qu'ils ne ſe ſou-
cient point que leur canot verſe,
d'autant que quand ils ſont en
l'eau, ils retournent le chercher,
le renuerſent & rentrent dedans.

Il y a encore parmy les François quelques Sauuages de la terre ferme, mais peu ; ceux-cy ſont
merueilleuſement manigats, ou
adroits à la peſche, & à la chaſſe
du lezard ; au reſte fort libertins, faineants, ſtupides, & gens
à qui il ne faut rien dire, & qu'il
faut laiſſer faire tout à leur volonté.

Des Sauuages du pays nommez Caraïbes.

CHAPITRE IX.

ON ne sçauroit dire au vray leur nombre, pource qu'ils sont en de continuelles visites actiues & passiues auec ceux de la dominique & autres isles, de sorte qu'il y en a tantost plus, tantost moins: Il est bié vray que la crainte & deffiance des François a fait que plusieurs se sont retirez de cette isle, quoy que nous n'ayons guerre auec eux comme ont nos François de la gardelouppe.

De religion on n'en recognoist aucune parmy eux. Ils ont quelque cognoissance de l'immorta-

lité de l'ame, d'autant qu'ils donnent aux ames des defuncts, comme les Canadois, des hardes, des
viures durant quelques iours, &
des meubles pour les seruir : mais
de sçauoir ce que ces ames deuien-
nent, ie croy qu'ils ne s'en mettent pas en peine ; du moins nous
n'auons encore peu rien tirer
d'eux ; possible que le temps en
découurira dauantage, lors que
nous serons auec eux, ou eux auec
nous. Maintenant ils font tellement separez par des mornes in-
accessibles, que nous les voyons
rarement, & seulement lors qu'ils
viennent par mer pour traitter
auec les François. Ils cognoissent
par experience, à leurs despens,
qu'il y a des esprits, puis que le diable, qu'ils appellent le maboïa, les
bat quelques fois iusques au mou-

rir. Il n'a pas tant de puiſſance
ſur eux, lors qu'ils ſont auec les
François ; mais au retour il les
tourmente cruellement en punition de ce qu'ils y ont eſté. Ils
aduouent auſſi que le ſigne de la
ſaincte Croix fait fuyr ce maboïa:
la pluſpart ont dans leurs habitations vne porte par laquelle ils diſent qu'il entre & ſort. Ils ne luy
rendent aucun honneur, que ie
ſçache, & ne luy font aucun ſa-
crifice. Ils cognoiſſent auſſi vn
qu'ils nommét chemin, qui ne les
traitte pas mieux que maboïa. Il
faut que quelques-vns d'eux ayét
communication particuliere auec
luy, puis qu'ils prediſent les choſes futures, qu'ils ne peuuent ſça-
uoir que de luy ; comme le iour
deuant que nous arriuaſſions, vne
vieille Sauuageſſe dit à vn Fran-

çois, magnane nauire de France,
c'eſt à dire, demain arriuera icy vn
nauire de la France, ce qui fut
vray.

Ils diſent qu'il y a dans la dominique vn ſerpent, qui ſe fait
tantoſt grand, tantoſt petit, qui
a au milieu du front vne eſcar-
boucle, ou pierre fort luiſante,
laquelle il tire lors qu'il veut boire, & puis la remet: que perſonne
ne le peut, ou oſe aller voir en ſa
cauerne, s'il n'a au prealable ieuſ-
né trois iours, & s'eſt abſtenu de
ſa femme, autrement il ne le verroit pas, ou ſeroit en danger
d'eſtre matté par luy, c'eſt à dire,
tué.

Ces Sauuages vont entierement nuds ſans honte, les femmes
mes auſſi bien que les hommes:
i'en repris vn capitaine, qui ne me

fit autre refponce que , non cà
bon pour France, bon pour Ca-
raïbe. Ils fe rougiffent le corps,
qui autrement eft de couleur oli-
uâtre, auec du rocou. Les femmes ont quelquesfois vne façon
de brodequins, depuis le genoüil
iufques à la cheuille du pied,
qu'ils eftiment gentille. Hommes & femmes portent, quand ils
en ont quelque collier de raffade,
ou de criftal, ou de petits os affez
bien agencéz. Quand celuy, que
nous appellons le pilote, qui eft
parmy eux l'vn des premiers capi-
taines, & ancien amy, & fidelle
aux François, vint voir monfieur
le gouuerneur, il auoit fur la tefte
vn chappeau, pour marque qu'il
ayme & eftime les François ; les
autres vont la tefte nuë comme le
refte du corps. Ils lient leurs che-

ueux qui ne font pas trop grands
derriere la tefte, & y paffent des
plumes d'aras, de flamens, & autres oyfeaux, ou les laiffent pen-
dre par derriere, & y attachent
quelques gentilleffes à leur mode.
Ils s'arrachent la barbe. Arlet frere du pilote, auffi capitaine, auoit
de petites pieces d'airain penduës
aux levres, au menton, & au nez.
Les femmes font mal heureufes,
& traittées comme des efclaues;
car il faut qu'elles faffent jardins,
mefnages, & tout, excepté la guerre, la pefche, & la chaffe, ou s'il
y a quelque gros arbre à abbatre,
le mary en prend quelques fois la
peine.   Ils ont plufieurs femmes,
les prennent & les quittent à dif-
cretion; les traittent fort mal, &
quelquesfois les tuent, n'y ayant
parmy eux aucune iuftice nõ plus

que fuperiorité ; chacun fait ce qu'il veut , & eft quitte des crimes les plus horribles, pour dire , qu'il eftoit mouche bourache, c'eft à dire, bien yure. Ils tuent auffi quelques fois les vieilles gens, di-fant qu'auffi bien ils n'en peuüent plus , & font mal - heureux : & quand leurs femmes font vieilles, ils les tuent, alleguant pour raifon qu'elles ne peuuent plus faire le jardin, la caffaue, ny le houikou. Ils font ialoux , & fi vne femme à manqué, ils la tuent, ou la font feruante & efclaue des autres : quand ils doutent fi elle a malfait, ils l'a font enyurer (car leur hoüi-cou enyure quand il eft bien fait) afin qu'en cet eftat elle ne cele rien.

Les hommes font merueilleufe-mét faineants, & paffent le temps

dedans leurs lits, ou deſſus à boire,
cauſer, & ſe faire peigner par leurs
femmes ; il ne ſe paſſe point vne
heure qu'ils ne ſe faſſent peigner,
& ne prennét pas meſme la peine
de peſcher, ou chaſſer, aymant
mieux ſe paſſer à peu, & ne manger que de la caſſaue, & des crabes,
que de ſortir de la caſe pour prendre du lezard, de la tortuë, ou
autre choſe : lots toutefois
qu'ils viennent traitter auec les
François ils prennent de la tortuë,
& l'apportent ; c'eſt ce dont ils
traittent principalement. Ils apportent quelque fois des ananas,
& des bananes, & de leurs arcs &
fleches, qu'ils donnent à leurs
comperes ; ainſi appellent-ils tous
leurs amis.

Ces Sauuages ont vne ridicule
ceremonie à la naiſſance de leurs
enfans

enfans ; la femme fe leue incontinent apres auoir accouché , & va
au trauail fi elle peut ; le mary fe
met au lict , qu'on efleue au hault
de la cafe , & là plaint le ventre,
& le frotte comme s'il endu-
roit beaucoup. Cela dure vne lune
toute entiere , qu'il ne fort du lict
qu'en neceffité , s'appuyant fur vn
bafton , & on le vifite comme vn
malade : il eft vray qu'ils font aucunement paffer cette feinte maladie en verité , tant ils le traittent
mal , le faifant ieufner quelques
iours fort eftroittement , ne luy
donnant à manger que de la caffaue ; & encor fort peu ; pour la
boiffon on luy en donne affez,
particulierement lors que l'enfant
tette ; apres quelques iours il peut
manger des crabes ; & puis on luy
permet quelque temps apres la

H

tortuë, & en fin toutes sortes de viures indifferemment, comme estant pleinement guery ; mais auparauant on fait vne assemblée où ce pretendu malade est dechiqueté par tout le corps , & perd bien du sang : Ceux toutesfois qui ont desia eu cinq ou six enfans ne sont plus dechiquetez que par les bras & les jambes. Pour les enfans, ils ne sçauent que c'est que de les emmaillotter, ny de les delicater comme nous faisons, quoy qu'ils les aiment tendrement.

On garde presque la mesme ceremonie pour faire vn capitaine, qui toutefois n'a pas beaucoup d'authorité parmy eux ; on le fait ieusner , on le déchiquette, puis on luy iette à la teste des peaux de poisson seiches , de sorte que s'il ne se pare dextrement , il est en

danger d'eſtre bleſſé, & n'eſtre te-
nu pour vn bon capitaine.

Durant la groſſeſſe de la femme, le mary ne mange point de
tortuë, d'autant, diſent-ils, que
s'il en mangeoit l'enfant ſeroit
ſourd comme la tortuë; ſembla-
blement il ne mange point de lamentin, d'autant qu'il a les yeux
fort petits, & ſi le pere en mangeoit, cette imperfection & defaut paſſeroit à l'enfant; mais
quand ils mangent auec les Fran-
cois, ils ne ſont pas ſi ſcrupu-
leux.

La vie qu'ils menent leur eſt ſi
agreable, qu'ils en ſont tres contens; & quelque bon traittement
que vous leur faſſiez, vous ne les
retiendrez point pour demeurer
auec vous. On en a veu qui ayant
long temps demeuré parmy les

François, & bien à leur aife, à la
premiere occafion fe font échap-
pez, & retournez vers les autres
Sauuages. Ils font extremement
deffians; ne croyez pas que s'ils
voyent vn fufil en voftre main,
ils viennent en voftre cafe, les
moindres chofes leur donnent de
la deffiance. Comme nous paf-
fions à noftre retour par la dominique vn Sauuage vint vers
nous iufques à my chemin, mais
fi toft qu'il apperceut noftre petit
batteau qui eftoit derriere le vaiffeau, il s'en retourna bien vifte.
Si quelqu'vn a des armes dans le
vaiffeau, iamais ils ne viendront
à bord ; fi l'vn d'eux monte au
vaiffeau, l'autre demeure toufiours
dans le canot, & regarde par tout.
Ils iugent des autres comme on
doit iuger d'eux, qu'il ne s'y faut

iamais fier; s'ils viennent en vne
cafe, ils regardent par tout, partie pour voir s'il n'y a rien qui leur
faffe peur, partie pour defcouurir
les moyés de la furprédre. Quand
ils virent la maifon de brique que
monfieur le gouuerneur a fait faire, ils venoient heurter contre,
pour experimenter s'ils la pourroient enfoncer, & la trouuant
ferme, diffimulant leur eftonne-
ment & fafcherie, luy difoient
comme par conioüiffançe, mouche manigat mon compere. Ils ne
tâchent qu'à furprendre, & quelque bonne mine qu'ils vous ayent
fait, où ils auroient l'auantage,
il ne faudroit attendre d'eux aucune mifericorde : Et quand ils
ont tâché à vous furprendre, s'ils
manquent leur coup, ils s'en viendront froidement vous dire, may

non faché à toy , & traitteront
auec vous comme fi rien ne s'étoit
paſſé, & comme s'ils eſtoient vos
meilleurs amis.

Ils ſont extremement ſales en
leur manger; qui leur auroit veu
faire leur hoüicou en auroit hor-
reur. Vn iour en la preſence de
monſieur noſtre gouuerneur à vn
diſner, l'vn d'eux eſtant loin d'vn
plat où eſtoit ſon appetit, monta
ſur ſon banc, puis mit vn pied ſur
la table entre les plats , aduance
vne main vers le bout de la table
où eſtoit ce mets, pour s'appuyer,
& ainſi eſtendu de ſon long ſur les
plats & les viandes, porte ſon autre main à ce qu'il deſiroit. Voila
comme ces meſſieurs ſont ciuils.
Au reſte auec cela ils ſont ſi ſuper-
bes que qui que ce ſoit qui les aille
voir, ils ne ſe leueront pas pour

l'accueillir, mais luy diront feulement, monftrant vn lict, mets
toy là. Ils demandent fort libre-
ment tout ce qui leur plaift, &
ne faut pas les refufer; c'eft pourquoy ceux qui font bien inftruits
n'expofent rien en leurs cafes,
quand les Sauuages y doiuent venir, que ce qu'ils veulent bien
leur donner. Ils promettent affez,
mais ils manquent fouuent de fi-
delité. Ils mangent les animaux
qui leur font du mal, commē
chiques, tiques, & femblable
vermine.

Continuation du sujet des mœurs
des Caraïbes.

CHAPITRE X.

LEs Sauuages font fouuent
pour diuerfes occafions des
vins dans leurs carbets, c'eft à dire
des affemblées, dans de grandes
cafes faites expres, où ils boiuent
exceffiuement, fans manger que
fort peu ; cela dure quelquefois
iufques à huict ou dix iours, &
c'eft alors qu'il fait bon les atta-
quer, car ils font prefque touf-
jours yures. Apres cette ceremonie ils commencent à traitter
des affaires, particulierement de
la guerre, où les plus anciens capi-
taines haranguent, & font enten-

dus auec vn merueilleux silence,
& ce qu'ils concluent est suiuy du
consentement commun , quoy
qu'ils n'ayent aucune authorité
de commander. Ces traittez d'affaires de guerre commencent ordinairement par de grands caramemo , ou discours , & plaintes
des vieilles , qui rapportent tout
ce que ceux à qui on parle de faire
la guerre leur ont fait de mal, ou
à leurs ancestres , iusques à quelques iniures de parole ; car que-
reller vn Sauuage, est autant que
de le frapper, & le frapper, autant
que de le tuer ; & offensez vn
Sauuage en particulier , vous offensez toute la nation ; mais il
n'en va pas ainsi du bien que
vous leur faites en particulier , le
commun n'y prend point de part.
Apres ces caramemo les enfans

danſans , ſautans , & pleurans, demandent qu'on venge ces iniures,
toute la ieuneſſe s'émeut , & teſ-
moigne ſon deſir & courage , puis
les vieillards ordonnent.

Outre la guerre qu'ils ont contre nos François de la gardelouppe, les Anglois de Saincta Louſie,
Antigoa , Monſerrat , & autres
iſles , occupées ſur les Caraïbes;
ils la font encore aux Calibis,
qui ſont Sauuages de la terre ferme , & ont alliance & ſocieté d'armes auec les Aroüagues, qui ſont
auſſi en terre ferme. Ils ne font
point de difficulté pour aller ſur-
prendre ces ennemis, de ſ'expoſe
dans leurs canots & pirogues à vn
voyage de mer de bien deux cens
lieuës: ils vont d'iſle en iſle, & pre-
uoyent aſſez certainement les
mauuais temps & tempeſtes, par

l'infpection du ciel, & des aftres,
dont ils ont des cognoiſſances
merueilleuſes.

Leurs armes ſont des arcs de
bois rouge, auec des fléches de
certains rofeaux, qui au lieu de
fer ont au bout vn bois fort poin-
tu, & empoiſonné: ils portent le
feu dans les caſes couuertes de
feilles, attachant au bout de leurs
fléches du coton allumé. Ils ne
viſent pas touſiours droit à leurs
ennemis; mais tirent en haut, &
ſont ſi adroits en cela, que la
pluſpart de leurs coups ont leur
effect. Ils tirent auſſi derriere eux
en fuyant, & quand ils ſont pour-
ſuiuis chaudement ſur la mer, ils
ſe couchent de leur long dans les
canots, pour n'eſtre expoſez aux
coups, & tirent ſans ceſſe, ban-
dant quelques fois l'arc de leurs

pieds. Ils ont auſſi des ſagayes
de bois rouge , dur , & peſant,
qu'ils lancent fort bien ; & pour
battre de plus prés , ils ont des
boutous , qui ſont gros bois rouges, plats, eſpais d'vn bon poulce,
larges par le bout de prés de demy
pied, longs de deux ou trois pieds,
dont ils eſcraſent la teſte de leurs
ennemis , comme nous ferions
auec vn leuier.

Toutes leurs guerres ſe font
par ſurpriſe le matin au poind du
iour , auec des huées horribles , &
pour paroiſtre plus affreux, ils ſe
peignent du noir des pommes de
iunipa le tour des yeux. Ils ſont en
vn continuel mouuement pour
éuiter les effects des armes à feu,
& pource qu'ils voyent la méche
allumée de nos mouſquets, ils é-
uitent aiſément le coup ſe iettant

par terre, courrant tantoſt d'vn
coſté, tantoſt de l'autre, ſe re-
müant d'vne viteſſe admirable, de
ſorte qu'il eſt fort difficile de les
choiſir ; mais ils craignent fort les
fuſils, pource qu'ils n'y voyent
point mettre la méche, & diſent
que c'eſt le maboïa, c'eſt à dire le
diable, qui y met le feu. Ils font
d'ordinaire trois bandes, & vne
eſpece d'auant-garde, arriere-
garde & bataille; mais au choc
ils ſe mettent incontinent en de-
ſordre & confuſion. Vous en auez
aſſez bon marché, ſi dés le commencement vous monſtrez que
vous ne les craignez point, & en
abbattez heureuſemét quelqu'vn,
ou deux, ou trois; car lors ils ſe
retirent promptement, non toutefois ſans faire tous les efforts
poſſibles pour retirer les corps

morts de leurs compagnons, car
ils craignent fort, & tiennent à
grande honte de les laisser parmy
leurs ennemis : mais si vous fuyez,
ou vous retirez pour les battre en
retraitte, ou tesmoignez quelque
crainte, ou tirez plusieurs coups
en vain ; alors ils sont extremement courageux, & donnent fu-
rieusement, & ne se retirent iamais, si ce n'est en vne grande extremité. Il y en a desia quelques-
vns parmy eux qui ont des armes
à feu, & en sçauent tirer, ce qui
est vn tres grand mal ; Dieu par-
donne à ceux qui leur en ont
donné.

Leurs armes deffensiues, comme i'ay dit, sont la fuitte, la lege-
reté, & mouuement perpetuel,
& le coucher dans leurs canots
pour estre à couuert des coups;

car du reste, ils n'ont ny bouclier,
ny autre chose pour se parer, &
sont nuds à la guerre comme en
toutes autres occasions. Outre ces
canots, faits d'vne piece de bois,
& non pas de l'escorce d'arbre
comme ceux des canadois, ils ont
des pirogues, faits de deux ou trois
pieces ; ils sont plus grands que
les canots, & y en a qui portent
quarante & cinquante hommes ;
ils y mettent des voiles à nostre
imitation, quand ils en peuuent
auoir. Ils tuent & mangent leurs
captifs auec mille ceremonies, &
cruautez, non pas toutesfois si
grandes que celles des canadois.
Ils gardent quelquefois vne main
d'vn ennemy mort, qu'ils portent
en triomphe, & dansent au tour.
Iamais ils n'oublient ny ne par-
donnent le mal qu'on leur a fait,

ou qu'ils pretendent, qu'on leur a
fait. Ils nagent comme poissons;
en guerre ne se soucient pas, comme i'ay dit, que leur canot ren-
uerse, car ils sçauent bien le redresser, & se remettre dedans. Ils
y portent tousiours leurs licts
auec eux.

Ces barbares ne content point
plus haut nombre que dix, &
s'expliquent monstrant par leurs
doigts; quelquesfois ils vont iufques à vingt, ou deux fois dix,
monstrant les doigts des mains &
des pieds; apres cela, s'ils veulent
en dire dauantage, & exprimer
plus grand nombre, ils prennent
du sable, & le jettant disent, mouche comme este, beaucoup, ou
grand nombre, ou autant que cela. Ils content leurs mois par lu-
nes, & les iours par nuicts, &
disent

disent, ie seray là tant de nuicts,
ou ie reuiendray apres tant de
nuicts. Ils expriment aussi l'estat
qu'ils font, & l'estime qu'ils ont
de la bonté des nations par leurs
mains & bras, & monstrant la
main entiere, & vne partie du
bras, vous disent, France bonne
comme este: pour les Flaméns, ou
Hollandois, ils monstrét la main,
& disent, bonne comme este : les
Anglois sont les pires dans leur
estime, ils ne monstrent pour
eux que le bout des doigts : Possible que quand ils parlent des
François en leur absence, ou deuant ces autres nations, ils ne gardent pas cette diuision. Ils vsent
peu de tabac, & ont bien occasion de se mocquer des europeans
qui vont chercher si loing dans
leurs isles cette méchante herbe.

I

Ils ont vn langage particulier
que ie croy qui eſt fort difficile à
apprendre; mais en outre, ils ont
vn certain baragouïn meſlé de
François, Eſpagnol, Anglois, &
Flament, le trafic & hantiſe qu'ils
ont eu auec ces nations leur ayant
fait apprendre quelques mots de
leurs langages; de ſorte qu'en peu
de temps on peut & les entendre,
& ſe faire entendre à eux, qui nous
fera vn grand aduantage pour les
inſtruire.

---

*Du fruict ſpirituel qu'on peut eſpe-
rer de cette iſle.*

CHAPITRE XI.

IL eſt aiſé d'inferer de ce qui a
eſté dit iuſques à preſent, que

ſi les marchands peuuent retirer
des commoditez temporelles de
de cette iſle, & autres ; il y a auſſi
vne aſſez belle eſperance d'vne
triple moiſſon pour ceux qui
font le negoce des ames. Si les
moyens de ſubſiſtence, qui con-
ſiſtent en vn ſecours neceſſaire de
la France, ne leur manque point ;
on peut ſe promettre, que celuy
qui leur a donné les talens, &
commandé de les employer à ce
trafic, *negotiamini dum venio*, en
aura de la ſatisfaction, & les bonnes ames, qui ne cherchent que
ſa gloire, du contentement &
conſolation.

Quand il n'y auroit qu'enuiron mille François, nos compatriotes, qui ſans la culture necef-
ſaire deuiendroient barbares, &
ſauuages dans ces bois & retrait-

I ij

çes de la barbarie & fauuagine ; ce
feroit vn employ fort vtile , &
d'autant plus neceffaire, que la
patrie nous lie & oblige plus
eftroittement à ceux qu'elle a
nourry & eleué auec nous. Ils nous
font particulierement alliez ; &
Sainct Paul nous aduertit, que
nous fommes tenus d'en auoir vn
foin plus particulier ; duquel fi
nous nous difpençons, nous ne
meriterons plus honorable nom
que celuy d'infidelles, ou quelque autre encore pis, s'il y en a.
Si nous deuons auoir de la com-
paffion pour les Sauuages d'autant qu'ils font abandonnez ; par
la mefme raifon , ou pluftoft à
plus forte raifon, nous en deuons
auoir pour les François, lors qu'ils
font au mefme eftat d'abandon-
nement. Si ie ne me trompe, il

n'eſt pas moins neceſſaire, & a-
greable à Dieu, d'empeſcher que
les anciens Chreſtiens ne deuien-
nent Sauuages, que d'attirer les
Sauuages à ſe faire Chreſtiens.
Ce nombre va iournellement
croiſſant, & auec luy les neceſſi-
tez ſpirituelles, & croiſtra encore plus lors qu'on ſçaura que les
moyens n'y manquent pas d'y
faire auſſi bien ſon ſalut qu'en
France. Ceux qui ſe tiennent prés
de leur conſcience n'y voudroient pas aller autrement, &
ſans cela on ne feroit de cette iſle
qu'vne poneropole, ou retraitte
de deſeſperez.

Il y a vne ſeconde moiſſon;
c'eſt des barbares negres du cap
de vert, & autres lieux, dont il y
a bon nombre, qui augmentera
ſi on croit nos François, à qui ils

font fort vtiles. Quelques-vns de ces mores font defia regenerez, & blanchis dans les eaux du fainct Baptefme, les autres pour la pluf- part defirent le mefme, & ie ne doute pas que depuis mon depart quelques-vns, qui fe prefentoient pour eftre inftruits, n'ayent receu cette faueur de ceux que i'y ay laiffez. La difficulté des noueéaux eftabliffemens, la ftupidité de la plufpart de ces efprits, l'incon- ftance qui leur eft naturelle, & qüi feroit que, s'ils retournoient en leur païs, ils retourneroient auffi à leur infidelité, ayans ordi- nairement fort peu de fentiment, & trop d'indifference en matiere de religion ; nous ont obligé à proceder vn peu lentement en cette affaire, où il faut bien pren- dre garde de rien precipiter , &

n'accorder si tost à quelques-vns
ce qu'ils nous tesmoignent desirer.

Quand aux naturels du païs, nos
sauuages Caraïbes ; on voit par ce
qui a esté rapporté aux chapitres
precedens de leurs meurs & façons
de faire, la difficulté qu'il y aura à
les conuertir. Ils viuent à leur
ayse dans vne tres-grande oysiue-
té, dans vne entiere liberté de tout
dire, & tout faire, dans l'impunité de leurs crimes, mesme les
plus horribles, sans honte de
leurs débordemens, nudité, po-
lygamie, yurongnerie, & vile-
nies, sans besoin de l'assistance
des François, qui les contrai-
gne de nous rechercher, & viure
parmy nous, ou desirer que nous
allions habiter auec eux. Ils disent que c'est nous qui auons be-

foin d'eux , puis que nous venons
en leurs terres , qu'ils se sont bien
passez de nous , & s'en passeront
bien encore. Ils sont deffians ,
cruels , inconstans , trompeurs ,
sans foy , sans loy , sans appre-
hension de la iustice diuine. On
ne peut , quoy qu'ils promettent ,
viure en asseurance parmy eux,
d'autant que le premier à qui la
fantaisie prendra durant leurs
vins, vous ira égorger, & il n'en
fera autre chose , quoy que vous
ne l'ayez iamais offensé. Neantmoins ce qui n'est pas possible
aux hommes seuls, l'est à Dieu ,
& aux hommes assistez de sa gra-
ce & puissance ; il peut faire de
ces pierres des enfans d'Abraham.
On tâche à tirer d'eux quelques-
vns de leurs enfans pour les instruire , & ensemble s'en seruir
pour

pour oſtages ; & il ſemble apres
tout, que le temps ſoit venu, auquel Dieu auoit deſtiné de ietter
les yeux de ſa miſericorde ſur cette
infortunée nation. Ils font deſia
volontiers le ſigne de la ſaincte
croix, & en pluſieurs occaſions
prononcér à l'imitation des François les ſaincts noms de I E S V S.&
de Marie, & recognoiſſent que
par ce moyen ils font fuïr le maboïa. Ceux qui ont plus hanté les
François ſe monſtrent aucunement dociles ; & le principal &
plus conſiderable d'entr'eux, qui
eſt maintenant le premier capitaine, nos François l'ont nommé
le pilote, a touſiours eu dés le
commencement vne affection
particuliere pour eux, les aſſiſtant
de viures dans la neceſſité; leur
donnant aduis des deſſeins des

K

autres Sauuages , procurant la
paix autant qu'il a peu ; de forte
que quelques-vns croyent , que
fans luy les François n'euffent
peu fe loger & maintenir dans
l'ifle. Il continuë encor ces bons
offices , de haranguer au confeil
des Sauuages pour les François,
& de nous reueler le fecret de
leurs affemblées, iufques à fe faire haïr de quelques-vns des fiens
à noftre occafion , & dit que fi
les François chaffoient les Sauuages de l'ifle , pour luy il ne s'en
iroit point , mais viendroit viure auec nous , fi fes femmes &
mariniers , ou feruiteurs & amis
le permettroient. Ayant vn iour
efté arrefté par les François , il
remonftra au capitaine , qu'il
auoit toufiours efté poureux, &
iamais contre , & qu'il leur auoit

feruy dans leurs commencemens;
puis il conclud ainsi, que si nonobstant cela tu me veux matter,
non force; mais rien, voicy mes
femmes & enfans, fais les baptis-
fer. Estant venu voir monsieur
le gouuerneur, il beut à nous durant le disnet, nous vint visiter
en nostre case, & entendant que
nous voulions aller viure parmy
eux, il en tesmoigna du conten-
temens, & dit qu'il parleroit pour
nous à l'assemblée. Voila quelques commencemens, si Dieu les
benit ce Sauuage seruira par ses
discours & bon exemple à la con-
uersion des autres.

Ce Caraibe, que nous auons
nommé le pilote, a vn frere nommé Arlet, aussi capitaine, grand
homme, & de bonne façon, qui
a pareillement autrefois serude

bons mouuemens , & on nous
asseure, que si ses femmes l'eussent
permis, il se fust fait instruire &
baptiser il y a quelque temps.
Il nous visita aussi peu de iours
apres son frere , nous interro-
gea fort, gousta du houïcou de
France, & permit en fin , quoy
qu'auec peine, que ses femmes
en goustassent? Il tesmoigna autant de ioye que son frere de nostre dessein d'aller parmy eux, &
nous dit semblablement , qu'il
parleroit pour nous, & que ses
femmes nous feroient de la cassaue, & du houïcou du manioc
qu'il nous donneroit. C'est ce
qui nous peut donner bonne
esperance , & me fait coniurer
le lecteur de cette Relation, d'ad-
dresser ses vœux au ciel pour ces
pauures Sauuages , & pour ceux

qui contribueront à leur con-
uersion pour la plus grande gloire de nostre bon Dieu.

F I N.

www.ingramcontent.com/pod-product-compliance
Lightning Source LLC
Chambersburg PA
CBHW051715090426

42738CB00010B/1927